다중의미

저자 **이민우**

언어의 의미를 탐구하는 한국어 의미 연구자로서 사이버한국외국어대학교 한국어학부에서 연구하며 학생들을 가르치고 있다. 경희대학교 국어국문학과에서 공부하고 박사 학위를 받았고 경희대학교에서 학술연구교수, 고려대학교와 성균관대학교에서 초빙교수로 일했다. 『외국어로서의 한국어 교육을 위한 한국어학의 이해』, 『국어학·한국어학의 의미와 문법』, 『한국어 의미탐구의 현황과 과제』 등 다수의 저서에 저자로 참여하였으며, 「말뭉치 분석을 통한 역동적 의미 변화 양상 연구」, 「문맥주의적 관점에서 의미관계」 등 40여 편의 논문을 발표하였다. 현재 의사소통 속에서 이루어지는 의미의 전달과 해석의 방식에 관심을 두고 있으며 대규모 언어 데이터를 이용하여 의미 변화를 탐색하는 연구를 진행하고 있다.

다중의미

초판1쇄 인쇄 2020년 8월 28일
초판1쇄 발행 2020년 9월 4일

지은이　　이민우
펴낸이　　이대현
편집　　　이태곤 권분옥 문선희
디자인　　안혜진 최선주 김주화
마케팅　　박태훈 안현진

펴낸곳　　도서출판 역락
출판등록　1999년 4월19일 제03-2002-000014호
주소　　　서울시 서초구 동광로 46길 6-6 문창빌딩 2층 (우06589)
전화　　　02-3409-2060
팩스　　　02-3409-2059
홈페이지　www.youkrackbooks.com
이메일　　youkrack@hanmail.net

ISBN **979-11-6244-559-4 93710**

「이 도서의 국립중앙도서관 출판예정도서목록(CIP)은 서지정보유통지원시스템 홈페이지(http://seoji.nl.go.kr)와 국가자료공동목록시스템(http://www.nl.go.kr/kolisnet)에서 이용하실 수 있습니다. (CIP제어번호 : CIP2020035807)」

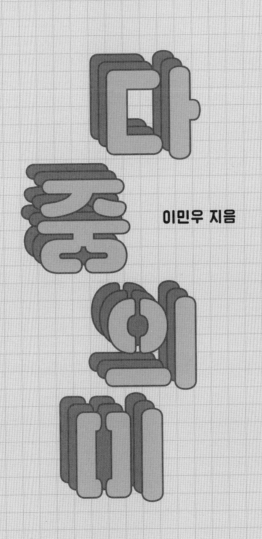

이민우 지음

역락

복잡하고 변화무쌍한 세상을 살아갈

서윤이와 서인이에게

들어가며

2002년 12월 미군 장갑차에 치여 죽은 여중생들을 추모하는 사람들이 교보문고 앞에서 추모의 의미로 촛불을 들었다. 단순한 추모의 의미를 넘어 불의에 대한 항의의 표시라는 촛불의 새로운 의미가 시작되는 순간이었다. 촛불은 2008년 광우병 사태를 거치며 평화로운 집회와 저항의 상징이 되었고 2016년 촛불은 대통령을 탄핵하고 새로운 정권을 만들어 내는 강력한 혁명의 의미로 확대된다. 이러한 과정에서 촛불은 빛으로서의 의미와 관련된 희망, 기원, 죽은 자에 대한 추모, 그리고 자신을 태워 불을 밝힌다는 희생에 더해서 저항과 혁명의 의미까지 덧붙여지게 되었다. 물론 이러한 다양한 의미에 대한 기술은 사전에서 찾을 수 없다. 국립국어원에서 편찬한 표준국어대사전에는 초에 켠 불이라는 상식적인 뜻 외에 다른 의미가 더 기술되어 있지 않다.

하지만 우리는 촛불에 대해 생각할 때 그리고 촛불이라는 단어를 사용할 때 단순히 초에 켠 불이라는 뜻으로만 사용하지 않는다. 아니 오히려 그 이외에 다른 뜻으로 사용하는 경우가 훨씬 더 많다. 실제로 촛불이 어떠한 의미로 사용되는지는 인터넷 검색을 통해 쉽게 확인할 수 있다. 지금 당장 인터넷 검색창에 촛불이라는 단어를 입력하면 제일 먼저 나타나는 텍스트는 촛불 집회이면서 가장 많은 관련 텍스트 또한 촛불 집회일 것이다. 물론 촛불과 관련된 검색 결과가 집회만 있는 것은 아니다.

유명한 음식점도 있고 과거에 유명했던 노래 제목도 있다. 검색 결과는 사람들의 관심과 사용에 따라 그때그때 달라질 것이다.

촛불이라는 명확한 실체에 대한 의미가 그렇게 많다는 것을 납득할 수 없다면 다른 예를 살펴보자. 표준국어대사전에서 우리가 잘 알고 있는 단어 '가다'를 찾아보면 총 네 개의 동음이의어가 나온다. 이중 이동의 의미인 동사 '가다'에 한정해 살펴보면 구문 유형과 이동 대상, 방법 등에 따라 하위에 서른네 가지의 의미가 기술되어 있다. 그리고 이러한 의미들은 각각 대표적인 예문들로 구분된다. 만약 누군가 이를 더욱 세부적인 의미들로 나누고자 한다면 얼마든지 더 작게 나눌 수 있을 것이다. 예를 들어 사람이나 동물이 이동하는 것과 기계가 이동하는 것을 사전에서 나눈 것처럼 동물이 가는 것, 동물 중에서도 발이 두개인 경우, 네 개인 경우, 날아서 가는 경우, 기어서 가는 경우 등 수많은 경우의 수들에 대해 모두 다르다고 인정한다면 그 개별적인 경우의 수만큼 의미가 나뉠 수 있게 될 것이다.

그럼에도 사전에 그 의미들이 모두 구분되어 기술되지 않은 이유는 그것이 불가능했기 때문이다. 사전이라는 한정된 공간 안에 담을 수 있는 정보의 양은 분명히 정해져 있다. 모든 의미들을 일일이 담을 수 없기 때문에 사전을 만드는 사람들은 명확히 구분되는, 대표적이라 생각되는 일부 의미들만을 선별해 담는 작업을 한다. 이러한 작업의 근저에는 본질적이고 순전한 개념으로서 의미가 존재한다는 생각 즉 실제와 상관없이 언제 어디서나 보편적으로 해석되는 어떤 이상적인 것을 상정하기 위한 노력이 있다.

그런데 그것이 정말 의미일까. 만약 누군가 사랑의 의미를 말할 때 실제를 소거한 채 건조하게 정의한다면 그러한 사랑을 사랑이라고 할 수 있을까. 사랑하는 이의 향기와 눈빛, 그리고 달콤한 속삭임, 그와 함께 나누던 행위들, 포근함, 그리움을 배제한 사랑을 과연 사랑이라고 할 수 있는 걸까. 만약 그럴 수 있다고 해도 과연 그러한 사랑이 의미가 있을까.

반대로 개인의 개별적인 경험을 모두 단어의 의미에 포함시킨다면, 도대체 한 단어에는 얼마나 많은 의미가 존재하게 될까. 더 나아가 단어와 관련된 그 무수한 경험들 중에서 무엇을 의미라고 해야 할까. 하나의 단어가 갖는 의미가 그렇게 많다면 우리는 어떻게 다른 사람들과 대화를 할 때 그들이 표현하는 의미들을 구별하고 인식할 수 있는 것일까.

이 글은 수많은 의미들이 어떻게 존재하고, 우리가 어떻게 그것을 이해하고 표현하는지에 대해 탐색한 결과의 한 부분이다. 이 글에서 말하고자 하는 것은 결국 하나의 단어에도 무한한 의미가 존재하고 우리는 그것을 아무렇지 않게 이용할 수 있다는 것이며 그것이 인간 언어의 본질이라는 점을 강조하는 것이다.

2020년 8월
이민우

차례

04   다중의미의 개념과 성격

05   다중의미의 생성과 해석

06   다중의미의 구성 관계

다중
의미

01 다중적 의미 사용[*]

의미의 불확정성

아주 오랫동안 사람들은 의사소통 상황 속에서 화자와 청자는 적절한 하나의 의미를 전달하고 이해하는 것을 이상적인 것으로 생각해 왔다. 그래서 두 개 이상의 의미가 하나의 표현 속에 들어 있게 되면 의사소통에 큰 장애요소가 된다고 생각하여 하나의 의미만 갖도록 나머지 의미들을 없애야 한다고 생각하는 것이 보통이었다. 이제까지 하나

---

[*]   이민우(2010)

의 표현에 두 개 이상의 의미가 들어있는 경우는 중의성이라고 부르면서 그것을 어떻게 없앨 수 있는지에 대해 관심을 두었을 뿐 일상적 의사소통에 있어서 이들이 어떠한 방식으로 사용되는지에 대해 관심을 가진 경우는 거의 없었다. 또 광고나 시적 표현처럼 만약 의도적으로 중의성을 사용하는 경우가 있다면 이는 언어 전략 혹은 일탈적 표현과 같은 특별한 현상으로 처리해 왔다.

하지만 우리들의 일상적 언어 사용을 살펴보면 언제나 정확하게 단 하나의 의미로만 표현을 전달한다고 보기 어려운 경우가 많다. 예를 들어 누군가 아파트를 보며 "참 좋은 아파트이군요."라고 말했다고 해 보자. 이때 '좋은 아파트'라는 것은 관련된 세상 지식에 따라 매우 다양한 의미를 함축하게 된다. 편의시설이 많아 살기 좋은 아파트일수도, 가격이 싸서 구입하기 좋은 아파트일 수도 있다. 어쩌면 지금 사 두면 값이 올라 나중에 팔기 좋은 아파트가 될 수도 있다. 이처럼 '좋은 아파트'는 아파트의 기능, 외형, 속성, 주변 환경, 시세 등 관련된 모든 것들을 통해 다양한 해석이 가능하다.

보통 화자에게 있어서는 중의성이 존재하지 않는다고 생각하지만 화자에게 있어서도 의도적 혹은 비의도적으로 명확히 결정되지 않은 의미의 사용이 이루어진다. 화자가 일부러 두 가지 이상의 의미를 의도하려는 경우뿐만 아니라 명확한 하나의 의미를 결정하지 않고 사용하는 경우는 모두 의미 해석을 다양하게 할 수 있다. 만약 '좋은 아파트'라는 발화를 부동산 업자가 했다면, 앞서 말한 의미 중 단 하나의 정확한 의미로만 해석되기를 기대하지는 않았을 것이기 때문이다.

언어 그 자체만 놓고 보아도 표현은 항상 불확실하다. "그 사람 말고

꒰ꕤ꒱   다중의미

그 사람이 바로 그 사람이다."라는 표현에서 직시적 표현인 '그'는 언제나 발화 상황 이전 맥락을 공유하며 실제 대상들을 직접 관찰할 수 있을 때에만 적절히 해석될 수 있다. "은행이 너무 크다."라고 할 때 '은행' 또한 동음이의어로서 둘 중 무엇을 의미하는지 지시 대상을 확인하기 전까지 의미가 명확하게 결정되지 않으며, "서윤이는 책을 보았다."라고 할 때 '책'은 책의 내용을 보았다는 것인지 책이라는 물질적 대상을 보았다는 것인지 구분하기 어렵다.

이처럼 표현된 의미들은 청자에 의해 다양하게 결정될 수 있는 의미들로 전달된다. 화자가 의도했든 의도하지 않았든 청자는 해석을 선택하기 위해 문맥 지식 혹은 현실 세계의 지식을 이용하며 이는 문맥, 현실 세계의 지식, 추론 등과 같은 언어 외적인 화용론적 요소들에 의존하여 이루어진다.

사실 일상적 의사소통 과정에서 문장의 의미와 그 문장을 발화함으로써 실제 전달되는 메시지 간에는 거대한 공백이 존재하며, 말하는 사람은 항상 명제를 매우 불분명하고 불확정적인 의미로 남겨둔다.[1] 그리고 발화에 의한 화자의 의미는 언어적 형태의 발화 속에 있지 않으며, 대부분의 청자는 화자가 원하는 말을 문맥과 인지적 실마리의 그물망에 의지하여 이해한다.[2]

그럼에도 불구하고 대부분의 의미 연구들은 세상과 문맥에서 자유로운 단어 자체의 고정된 의미와 화자가 단어를 사용하여 청자에게 전하려는 의미를 구분하면서 언어를 사용하는 화자나 청자의 의미가 아닌

---

1   Huang(2007 : 5-7)

2   Levinson(1983 : 18)

독립된 언어적 의미에 포함되는 순수한 의미적 현상으로서 언어 형태의 고정적 의미를 파악하는 것에 집중하여 왔다. 이는 보통 변함없이 존재하는 의미와 사용에 따라 가변적인 맥락적 의미를 구분하여 맥락적 의미를 어휘의 의미에서 분리하여 다루려는 의도에 의한 것이었다.

그런데 어휘 의미를 관습적으로 고정된 의미만으로 한정하려는 것은 사용에 의해서만 의미가 결정되는 언어 표현들 때문에 시작부터 문제가 발생한다. 사용 의미만 갖는 언어 표현의 대표적 예들은 앞서 예를 든 '그'와 같은 담화 직시 표현들로서 그 표현들을 포함한 발화와, 선행 담화의 어떤 부분 간에 관계가 있다는 점을 알려주는 것을 의미로 갖는 예들이다.[3] 따라서 직시 표현들의 의미는 사용 그 자체에 의미가 놓이게 되며 전통적인 의미 해석의 관점을 따르면 이들은 의미가 없는 표현이 되어버린다.

관습적 혹은 독립적 의미를 설정하기 위해서는 명확한 의미의 경계를 설정해야 하는데, 어떤 것이 확실하게 구분되는 의미인지 파악하기 어려운 지점이 항상 존재한다. 세상의 모든 경계는 정도성[4]의 문제를 갖기 때문에 명확히 구분하기 어려우며, 이로 인해 고정된 의미를 찾는 것은 불확실해진다.

또한 고정적 의미의 문제는 문맥 독립성과 문맥 의존성에 관련된다. 고정적 의미는 대부분 문맥 독립적인 의미를 가지는 것으로, 문맥 의존적인 의미들은 화용론적 현상으로 구분된다. 하지만 문맥 독립적 의미

---

3   Levinson(1983 : 87-88)

4   Croft & Cruse(2004 : 109-140)

를 파악하고자 하는 시도는 모든 단어는 문맥 속에서만 적절한 의미를 알 수 있다[5]는 점에서 근본적으로 불가능한 노력이다. 이러한 의미의 특성은 의미를 다룰 때 다양한 맥락들을 광범위하게 고려해야만 하는 이유이기도 하다.

의미의 다양성을 해석의 다양성으로 인정하면 그 영역은 언어 외적인 발화 차원으로 확대된다. 따라서 의미를 적절히 다루기 위해서는 중의성과 모호성, 표현의 다양성과 해석의 다양성을 포괄적으로 다룰 수 있는 새로운 개념이 필요하다. 우리는 이를 동일한 형태에 결합하여 해석될 수 있는 다양한 의미의 가능성 집합으로서 다중의미라고 부를 것이다. 이를 통해 무한한 의미를 가질 수 있는 단어의 의미를 단어의 독립적인 개념으로 보는 것이 아니라 다양한 요소들과 상호작용 속에서 나타나는 것으로 관찰하고자 한다.

사람들은 대화 형식과 담화 상황에 따라 별다른 어려움 없이 단의적 표현에서 모호한 표현, 중의적 표현까지 자유자재로 사용하고 이해한다. 그래서 다중의미는 사전처리나 인지현상만의 문제가 아니라 우리가 일상적으로 이용하는 의사소통의 중요한 기능이라고 할 수 있다. 사람들은 자동적으로 다중적 의미들을 사용하고 이해한다. 또한 많은 사람들은 다중적 표현을 즐기며 의사소통의 효율성보다는 원하는 결과를 위해서 화용론적 노력을 요구하는 경우가 많다. 따라서 우리는 중의성 해소에 관심을 갖지 않으며 문맥 속 다중적 의미의 사용에 더 관심을 갖고 살펴볼 것이다.

---

5   Cruse(1986 : 15-16)

의사소통 상황에서 사람들은 분명한 하나의 의미를 선택하는 것처럼 보이지만 실상 의미 해석은 끊임없는 조정을 통해 이루어지며 거시적인 차원에서 세부적인 의미들의 구분은 무시되기도 한다. 그래서 다중의미는 언어 사용과 이해의 주요한 기능으로 이용된다. 특히 언어 의미의 유연성 차원에서 이러한 사용은 본질적인 것이라고 할 수 있다. 수많은 개인들의 개별적인 의미 사용이 가능한 이유가 바로 이러한 의미의 유연성에 있다고 볼 수 있으며, 유동적이고 유연한 의미의 속성은 변화무쌍한 의미의 사용을 가능하게 하는 중요한 특징이 된다.

다중의미 사용

● 은유적 다중의미

다중의미는 화자에 의해 의도되거나, 또는 무의식적으로 표현된 둘 이상의 의미를 청자가 다중적으로 이해하는 것을 말한다. 경우에 따라서 이는 농담이 될 수도 아닐 수도 있다. 만약 화자가 의도하지 않은 경우 청자는 화자의 의도 이상으로 발화를 해석하게 될 것이다.

다중의미의 가장 대표적인 예는 은유이다. 보통 축자적 의미와 비유적 의미인 두 의미가 부적당하게 살아 있어 두 의미를 한꺼번에 고려하면 농담으로 이해하게 된다고 한다. 하지만 은유는 서로 다른 두 대상의 비교와 대조를 통한 동일시를 기반으로 생성되므로 서로 다른 두 의미를 함께 고려하지 않는다면 적절히 이해하기 어렵다. 이처럼 두 가지 다른 의미가 환기된다는 점에서 그 자체로 은유는 다중적이 된다.

예를 들어 "세계로 뻗어 가는 한국"이라는 표현은 '한국'이라는 국가를 자라나는 생물로 표현한 은유이다. 이러한 표현은 한국의 수출품이 해외 각지로 실려 나가고, 한국인들이 세계 곳곳에 나아가는 다양한 행위들에 대한 경험을 통해 실제로 뻗어 나가는 의미를 환기한다. 이처럼 생물이 뻗어 가는 모습은 한국이 발전해 나가는 실제적인 활동과 중첩된 이미지를 형성한다.

"발 없는 말이 천리 간다."라는 표현은 동음이의를 이용한 관용적 속담을 구성하지만, 전체적인 의미 해석 속에서 빠른 속도로 움직일 수 있는 '말'의 속성이 언어 표현으로서의 '말'에 부여되면서 말(馬)의 빠른 움직임과 동일한 말(言)의 빠른 움직임이라는 두 의미가 중첩되는 효과를 보여준다. 그래서 소문의 빠른 전달이라는 의미는 말의 빠른 이동이라는 이미지를 환기시킴으로서 극적 효과를 더해준다.

이와 유사하게 은유를 실제적 의미로 변환시킴으로서 다중적 의미를 만들어 강조하는 예들 또한 있다. 누군가 "그 사람은 진짜 돼지야!"라거나 "나 오늘 정말 죽었다."라고 말했다면, 화자가 사용한 '정말, 진짜'와 같은 표현은 비유적 표현을 축자적인 것으로 되돌린다. 그래서 청자는 은유적인 '돼지'의 의미에 실제 '돼지'의 의미를 다시 부여하게 되며, 화자가 말하는 죽는 사건에 대한 실제성을 의심하게 됨으로써 축자적인 의미와 비유에 대한 강조의 의미를 모두 활성화 시킨다. 이러한 다중적 표현 방법은 대부분 식상한 은유에 새로운 활력을 주입시켜 청자의 관심을 유도한다.

이는 은유적 관용 표현에서도 마찬가지이다. 어린 아들이 자신이 어떻게 태어났는지 묻는 질문에 진짜 다리 밑에서 주워왔다고 말했을 때 상황을 생각해 보자.

아들 : 저를 정말 다리 밑에서 주워 왔어요?

엄마 : 맞아, 진짜 다리 밑에서 주워 왔어.

위의 대화는 농담이나 상대방을 놀리기 위한 발화로서 동음이의를 이용한 은유적 관용구로 사용된 표현을 축자적으로 해체한 후 '다리'의 동음이의를 이용하여 다중적인 의미를 부여한다. 위의 대화에서 '다리 밑에서 주워 오다'는 출산 과정에서 이루어지는 행위를 비유적으로 표현한 것이지만, 엄마의 발화는 '진짜'라는 표현을 통해 비유적인 표현을 실제적으로 환원시켜 동음이의에 의한 의미만을 남겨 두 의미를 병치시킨다.

이러한 사용은 관용적 쓰임이 실제와 동일한 경우에도 나타나는데, 이 경우 관용적 의미를 동일한 실제 행위와 일치시킴으로서 두 의미를 동시에 활성화시키게 된다.

의사 : (성형수술이 끝난 후) 뼈를 깎는 고통을 잘 참아내셨습니다.

환자 : 정말 그랬군요.

가상의 대화이지만 만약 성형수술을 한 사람 혹은 그 수술을 한 의사가 위와 같은 말을 했다면, 이는 강조의 의미로 사용되는 관용구인 '뼈를 깎는 고통'을 실제 뼈를 깎는 성형 수술 행위에 이용함으로써 축자적 의미와 관용적 의미를 모두 이용한 것으로 이해된다.

이처럼 다양한 은유적 표현들이 실제와 일치됨으로써 다중적 의미를 만들어낼 수 있다. 예를 들어 "그 사람은 높은 자리에 올라갔습니다."는 승진을 통해 낮은 층의 사무실에서 높은 층의 사무실로 이동한 경우나 법관이나 의장이 되어 상대적으로 높은 위치에 마련된 자리에 올라가는 경우에는 은유적 의미와 실제 의미가 동시에 살아있게 된다. 또한 "깡패한테 완전히 밟혔어."라는 표현에서 '밟히다'는 힘센 이에게 눌리거나 못살게 괴롭힘을 당한다는 은유적 의미가 실제 밟는 행위로 실현될 수 있다는 점에서 의미가 다중적이 되며 "바람 맞았어."는 바람이 부는 날 헛걸음을 하여 병이 생기게 된 상황이라면 세 가지의 의미까지 동시에 드러낼 수 있다.

은유와 은유를 통해 이루어지는 관용적 의미들이 축자적 의미의 상황에 사용되는 경우 비유적 의미와 축자적 의미가 동시에 활성화되어 두 의미를 동시에 이용하게 될 수 있는 상황은 많다. 은유는 실제적 경험을 기반으로 이해된다는 점에서 실제적 상황과 직접 연결되며, 이러한 가능성은 은유가 다중적 의미를 갖게 되는 근본적인 이유가 된다.

● 환유적 다중의미

은유와 함께 비유적 표현으로 이용되는 대표적 방식인 환유는 습관적, 인습적으로 알려져 있거나 받아들여진 대상들 간의 관계에 전적으로 의존한다. 이는 이미 존재하는 관계에 의존한다는 것이며 이런 점에서 은유가 새로운 개념을 위해 창조된다면 환유는 이미 알려진 관계에 대한 확인이라고 할 수 있다. 환유 또한 인접한 두 대상 간의 검토를 통해 이해되므로 은유와 마찬가지로 다중의미를 나타낸다.

예를 들어 "교실이 왜 이리 시끄럽죠?"와 같은 표현은 '교실'이라는 장소뿐만 아니라 교실 안의 학생들을 지시한다는 점에서 환유에 의해 다중적 의미를 드러낸다. "서울은 눈 감으면 코 베어 갈 정도로 인심이 사납다."라는 표현은 실제로는 서울 사람들의 인심이 나쁜 결과로 서울이라는 장소에 대한 부정적 의미가 부여된다는 점에서 다중의미를 드러낸다.

이와 유사하게 용기와 내용물 환유 또한 다중의미를 보여준다. 예를 들어 "좋은 책을 봤습니다."에서 '책'은 텍스트라는 내용물과 그 텍스트를 담고 있는 물리적 실체로서 용기라는 두 가지 의미를 지니고 있으며 그래서 이 문장은 다중적 의미를 갖는다. 또 다른 예로 "맥주 한 병을 마셨다."에서 마신 것은 실제로 병이 아니라 병 속에 들어 있는 맥주이지만, 병으로 계량되는 양을 의미한다는 점에서 다중적이다. 단위성 명사는 대부분 용기로 표현된다는 점에서 이처럼 다중의미를 드러낼 수 있다.

부분과 전체관계로 구성되는 환유의 예들 또한 다중적이다. "돼지 한 마리 주세요."라는 발화에서 '돼지'는 발화 상황에 따라 동물과 고기라는 두 가지 의미로 해석될 수 있다. '돼지'는 비유적으로 사용될 수 있으므로 은유적으로 다중의미를 나타낼 수 있지만, 식당이나 정육점에서 축자적인 의미로서 고기의 의미로 사용되는 경우에도 다중적일 수 있다. 돼지고기를 '돼지 한 마리'로 표현함으로써 돼지 전체의 고기를 의미한다고 해도, 실제로 완전한 한 마리의 돼지 전체를 고기로 사용하지 않기 때문이다. 따라서 돼지의 고기 부분만을 이용하여 전체를 의미한다는 점에서 환유적 다중의미가 된다. 만약 음식점 메뉴에 '돼지 한 마리'가 있다면 이는 돼지고기 모듬을 의미하는 것으로 이때의 '돼지'는 돼지 전체가 아닌 돼지의 특정 부위들을 의미할 것이다. 하지만 돼지의 전 영역을 망라하는 부위들을 모음으로서 돼지 전체 부위의 고기를 모아 놓은 의미를 나타낸다는 점에서 돼지 전체의 의미를 나타낼 수 있게 된다.

이와 달리 "입이 몇 개인데 겨우 과자 한 봉지를 사 왔냐?" 같은 표현은 '입'이라는 부분으로 사람이라는 개체 전체를 의미한다. 그런데 '과자'라는 음식은 음식을 섭취하는 실제 입의 기능을 활성화시킴으로서 다중적 의미를 드러내도록 한다.

특정한 사건과 밀접하게 연관된 개체에 의해 특정한 사건을 지시하는 경우에도 다중적 의미가 나타난다. "국수 좀 먹게 해 줘."는 결혼식에서 먹는 대표적인 음식인 '국수'를 먹고 싶다는 표현을 통해 결혼식에 가고 싶다는 의미를 함께 드러냄으로써 간접적으로 결혼을 했으면 좋겠다는 의미를 나타낸다.

행위와 그 결과로 이어지는 의미 해석 또한 환유적 다중의미를 보여준다. "그 사람을 칼로 찔렀다."는 상대를 찌른 행위와 함께 상대방이 그 결과로 상해를 입었다는 것을 의미하며, "해가 졌다."는 해가 지는 현상과 함께 어두워졌다는 의미를 다중적으로 드러낸다.

이와 유사하게 동반 사건을 통한 다중의미도 찾을 수 있다. 동작과 관련된 전형적인 행위의 의미를 드러내는 경우 "어깨를 으쓱했다."처럼 잘 모른다나 겸연쩍다는 의미를, "고개를 돌렸다."처럼 거부나 회피의 의미를 실제 동작과 함께 나타내게 된다.

● 제유적 다중의미

제유는 분류관계에 대한 이해를 보여주는 예이다. 환유가 지시 대상들에 대한 경험에 기반하여 개념화된 규칙이라고 한다면 제유는 지시대상들 간의 차이와 관계를 구분하는 기제로 작용한다.

제유에 의해서 총칭적 의미는 하위 의미들로 구분될 수 있다. "옆방에서 소리를 들었다."고 했을 때 그 소리는 총칭적 의미로서 이해되며 이때 '소리'는 하위 의미들인 음악 소리, 말소리, 기계 소리 등으로 다양하게 세분화될 수 있다. 이러한 이유로 상위 의미들은 언제나 하위 의미들을 다중적으로 내포하게 된다. 그래서 청자는 화자가 의도하는 다중적 의미들 가운데 한 가지를 구체화시키거나, 또는 그 반대로 추상화시킬 수 있다.

"밥 먹었니?"라는 질문에 "네, 라면 먹었어요."라고 대답할 수도 있고 정반대로 "아니요. 라면 먹었어요."라고도 대답할 수 있는 이유는 '밥'의 의미를 분류 체계 내에 어느 부분에 위치시키느냐에 따른 것이다. 위의 질문에 '네'라고 긍정하면서 '라면'을 먹었다고 대답하는 것은 밥을 식사라는 상위 층위에 위치시켜 하의어들로 구분되는 다양한 종류들의 사용이 가능하도록 해석했기 때문이다. 반면 '라면'을 먹은 동일한 상황에 대해 밥을 먹은 것이 아니라고 부정하는 것은 밥을 식사의 하위 층위에서 구체적인 종류로서 해석하여 라면, 빵, 국수 등과 대조적 의미를 드러내도록 했기 때문이다. 이처럼 다양한 분류 관계는 단어의 의미 자체를 다중적으로 만드는 중요한 기제가 된다.

● 반어적 다중의미

반어는 특별한 상황에 대한 의도적인 표현 방식으로 직접적인 표현을 위장하기 위해 사용한다. 반어적 표현은 문장 의미와 화자의 의미가 반대되는 것으로 화자가 의도하는 것과 정반대로 표현하는 것을 말한다. 이때 축자적 의미와 반어적 의미 둘 모두가 문맥 속에서 획득된다. 예를 들어 "너무 잘나서 취직을 못하고 있지요."라는 말은 맥락상 못

낮다는 반어적 의미로 보이지만, 한편으로는 정말 잘났기 때문에 일반적인 회사에 취직하지 못한다는 직설적 의미 또한 함께 해석할 수 있다. "연습 안하면 밥 없다."라는 말은 현재 밥이 있는 상황에서 사용된다면 반어적이지만, 연습을 하지 않는 사람에게는 밥을 주지 않으며 따라서 그 사람에게는 밥이 없다는 추론을 통해 축자적 의미가 이해된다. "멀쩡한 자연을 파괴하고 인공물을 만드는 것이 4대강 살리기입니까?"라는 질문은 내포문을 통해 '살리다'는 의미가 반어적으로 이해되는 예이다. 이 문장은 과거 정부에서 주장하는 4대강 살리기의 의미와 그 행위를 상반된 관점에서 바라보는 것을 통해 주어지는 반어적 의미를 동시에 표현한다는 점에서 다중적이다.

다중의미 사용의 의의

다중의미의 사용은 의미 이해에 시간을 더 걸리도록 만든다. 하지만 그것을 통해서 의미적 현저성을 부여한다. 현저한 의미는 특정 담화 목적에 의해 재사용되며 규칙적 구조를 만들면서 활성화가 지속된다. 이처럼 대화 속에서 사용하는 다중의미의 구조화와 해체는 의미의 연속성뿐만 아니라 오랜 시간에 걸친 다의 변화에 기여하게 된다.[6]

연속적인 변화를 보여주는 대표적인 예로 오빠가 있다. 가족 관계에서 손위 남자를 여동생이 부르는 말인 오빠는 일반적인 관계에서 나이 어린 여자가 손위 남자를 정답게 부르는 말로부터 연인 관계라는 새로

---

6   Sweetser(1990 : 1-2)

운 다의적 의미를 획득하게 되어 다중적으로 해석되며 여기서 더 나아가 남편을 부르는 호칭으로까지 의미의 범위를 변화시킨다. 이러한 의미 변화를 통한 공시적 다의성의 획득은 다중적 의미 사용의 기반이 된다. 그래서 누군가 다른 사람을 오빠라고 부를 때 그들이 친족관계가 아닌 경우 항상 다중적으로 이해된다.

정치, 사회, 문화적 환경을 겪으며 드러나는 다의성들의 예도[7] 다중 의미로 사용된다. 앞서 예를 들었던 촛불에 시위로 인해 새로운 의미가 부여된 것처럼 2002년 월드컵 응원이라는 특수한 문화 속에서 새롭게 생성된 붉은 악마라는 단어 또한 다의화로 인한 다중의미 양상을 보여준다. 붉은 악마는 한국 축구 국가대표팀 지원 클럽의 명칭이었으나, 그들이 입는 붉은 티셔츠로 인해서 붉은 악마는 붉은 티셔츠를 입고 한국 축구팀을 응원하는 사람이라는 새로운 의미를 획득한다. 이로 인해 붉은 악마는 축자적 의미뿐만 아니라 응원단과 붉은 악마 티셔츠를 입은 사람이라는 의미를 드러낸다.

기존의 의미를 피하기 위한 새로운 단어의 사용 또한 그 단어에 또 다른 의미를 부여하게 한다. 예를 들면 폭력과 연관된 시위에 포함된 부정적인 뉘앙스의 의미는 동의어처럼 사용되는 집회에도 유사한 의미를 연상시킨다. 그래서 부정적 이미지를 피하면서 한편으로는 집회와 시위에 관한 법률의 규제를 피하려는 의도로 문화제라는 단어를 이용하기도 하였다. 하지만 결국 이러한 문화제도 시위의 일종이라는 것을 인식하게 되면 문화제라는 용어의 사용을 시위 또는 집회라고 해석하게 될 것

---

7   Nerlich & Clarke(2001 : 5)

이다.

　일반적인 의사소통 과정에서 다중적 의미의 사용은 의사소통에 부적합한 것으로 보았다. 하지만 새로운 대상이나 새로운 주제, 사람들의 흥미 등은 항상 다중의미를 발생시킨다. 특히 사람들은 변화하는 새로운 생활에 적용하기 위해 은유와 환유, 그리고 제유를 사용하며 이들은 의미 해석을 재동기화 시킴으로서 다중의미를 생성해 낸다. 은유와 환유 그리고 제유는 다의적 단어의 의미를 만들어내며 순환적으로 이용된다.

　"또 하나의 가족, 삼성"이라는 광고 문구는 은유를 통해 의도적으로 '삼성'을 '가족'과 일치시키며 "밝은 교실이네요."라는 선생님의 발화는 교실 안의 학생들의 의미를 환유를 통해 드러낸다. "침대는 가구가 아닙니다. 과학입니다."라는 광고 또한 범주적 분류 관계를 교체하는 것으로 침대에 새로운 의미를 부여한다.

　이와 같은 은유와 환유 그리고 제유적 다중의미는 하나의 의미 선택뿐 아니라 두 의미를 동시에 환기시킴으로써 대화에 활력을 불어넣는다. 화자는 청자가 역으로 은유와 환유를 적용하도록 이해시킴으로써 새롭게 은유나 환유, 제유 또는 관용구를 재발견하도록 한다. 이때 청자는 이것이 비유였다는 사실을 다시 한 번 확인하게 된다.[8]

　이처럼 다중의미의 사용은 사람들의 주의를 끌도록 한다. 때문에 이러한 표현은 특별한 의사소통의 목적에 주로 사용된다. 특히 광고 언어에서는 다중적 의미의 메시지를 전달하기 위한 전략을 다양하게 사용하

8　Nerlich & Clark(2001 : 6)

는 것이 일반적이다.[9] 이러한 전략에서 동음성은 광고에서 기본적으로 사용하는 텍스트 전략이며 특히 상품명에 연관되어 흔히 사용된다. 예를 들어 "친구라면 삼양라면(삼양라면)"은 연결어미 '라면'과 음식명 '라면'의 동음이의를 이용해 '삼양'과 '친구'를 대등하게 만든다. "투자의 바른길 누가 대신하겠습니까?(대신증권)"는 '대신'이라는 단어의 동음이의를 이용해 다중의미를 드러낸다.

또한 광고에서는 전략적으로 축자적 의미와 비유적 의미를 교차시킨다. "내 손 안의 더 큰 세상.(삼성 애니콜 휴대전화기)"은 은유적인 표현을 통해 손 안에 쥘 수 있는 휴대폰의 기능을 강조하며, "극장이 거실로 온다.(삼성 파브 텔레비전)" 또한 비유를 통해 극장과 같은 영상, 음향 등을 가지고 있다는 의미를 표현한다. "모든 것을 뒤집는 복분자의 힘.(진로 복분자 술)"은 복분자를 먹으면 힘이 세진다는 환유적 기제를 은연중에 제시하며 '모든 것을 뒤집는다'라는 표현을 통해 보다 다양한 해석 가능성을 열어둔다.

관용적 표현의 경우 축자적 의미와 관용적 의미를 동시에 갖기 때문에 기본적으로 중의성을 드러내며 따라서 두 의미를 동시에 이용하는 광고 전략이 주로 사용된다.[10] "얼굴 펴고 사세요.(태평양 레티놀 화장품)"는 화장품을 바르면 얼굴이 펴진다는 환유적 기제와 '얼굴이 펴진다'의 관용적 의미가 중첩된다. "날 물로 보지 마.(롯데 칠성 2% 음료수)"는 음료수의 하위 종류인 '물'과 구분하면서 '물로 보다'는 관용적

---

9   최형용(2000 : 9)

10   문금현(2002 : 83), 한성일(2007 : 284)

의미를 중첩시킨다. "쇼를 하라! 쇼.(KTF Show)"는 이례적으로 관용적인 사용에서 부정적인 의미를 갖는 '쇼를 하다'라는 의미를 역으로 바꿔 새로운 의미를 부여하는 방법을 이용한다. 이처럼 사진 등의 이미지와 함께 사용되는 많은 광고에서 다중의미를 이용하여 잠재적 소비자들의 주의를 끌려고 노력하는 예들을 쉽게 찾을 수 있다.

새로운 어휘를 만들어 내는 데에 있어서도 다양한 의미를 의도적으로 내포시키는 경우가 많다. 예를 들어 일반적으로 단순히 대상을 지시하는 의미로 생각하는 고유명사에 있어서도 그 명명에 있어서 단순한 지시 이외에 다양한 의미를 함축한다. 우리는 아인슈타인이나 나폴레옹과 같은 이름을 듣고 단순히 20세기의 과학자와 19세기 프랑스 황제만을 생각하지는 않을 것이다. 거기에는 천재나 영웅과 같이 그 이름이 지시하는 인물과 관련된 다양한 의미가 동시에 환기되며, 이러한 생각은 우유의 제품 이름인 아인슈타인과 양주 이름인 나폴레옹에 반영된다. 브랜드 네이밍(Brand Naming)에서는 제품명에 특별히 다양한 의미들을 의도적으로 연결시킨다. 그래서 "e편한세상(대림아파트 명칭)"은 동음이의성을 통해 편안한 '집'과 편리한 '집'이라는 두 의미를 연상시키는 효과를 달성할 수 있다. 하지만 때때로 "미소지움(신성아파트 명칭)"과 같이 '미소를 지움'이라는 문장 구조를 연상시킴으로서 명명자가 의도하지 않았던 부정적 의미로 해석되는 경우도 있다.

위에서 살펴본 것처럼 사람들은 일상적인 생활 속에서 다양한 방식으로 다중의미를 이용하고 있다. 그리고 이러한 다중의미 사용이 일상적인 의사소통의 과정에서는 큰 문제가 되지 않는 것처럼 보인다. 이는 우리가 일반적인 의사소통에서 사람들이 중의성을 피한다고 생각해 왔던 것과는 상충되는 관찰이다. 오히려 다중의미의 사용은 언어에 활력을 불어넣으며, 의미 표현을 위한 주관적 개념 체계를 공유하도록 하여 의미를 새로운 의사소통의 목적을 위해 사용이 가능하도록 재동기화시킨다.

일상적인 의사소통 상황에서 많은 국어학자들이 일반적으로 다루는 것처럼 사실적 정보만 교환하는 대화는 지루할 것이다. 그래서 사람들은 예측 가능한 대화에 새로운 가치나 예측 불가능한 의미를 넣어 흥미를 유발한다. 이러한 표현은 화자를 재치 있는 사람으로 만들어주기도 한다. 다중의미 사용은 대화에 주의를 끄는 가장 쉬운 방법으로 상황 맥락과 단어의 가능한 사용이 일치해야만 적당히 해석될 수 있다. 이처럼 사람들이 어휘의 다중의미를 복합적으로 이용한다는 사실은 생산적이고 창조적인 언어 사용이 어떻게 이루어지는지 말해 주는 것이다.

단어 의미 설명의 한계

이제까지 단어 의미에 대해 설명하는 것은 특정한 단어에 내재된 본질적 의미를 밝히는 것과 같았다. 사람들은 단어가 그 자체로 내재적인 어떤 본질적 의미를 가지는 것이 당연하다고 생각하고 그것이 상황이나 맥락에 따라 다양하게 나타나는 것이라고 보며, 단어의 내재적 의미를 통해 단어의 다양한 쓰임에 대한 정의가 가능할 것이라고 생각해 왔다. 이러한 생각에 따라 전통적으로 단어 의미에 대해서는 사전적 정의와 같은 개념 표상이나 자질을 중심으로 설명해 왔다. 이처럼 개념 표상 방식을 이용해 의미를 기술하는 것은 매우 풍부하고 강력하게 의미를 설명할 수 있어 보이며, 자질을 중심으로 하는 설명도 명확하고 체계적으로 잘 정의하여 보여줄 수 있다는 장점이 있다.

그러나 개념 표상 방식은 세상에 대한 지식을 한정할 수 없기 때문에 의미를 완전히 명세화할 수 없다는 한계가 있으며, 자질을 이용하는 것도 설명의 범위가 제한적이라는 약점이 있을 뿐만 아니라 모호하고 추상적인 자질을 이용한 설명은 사람들이 좀 더 구체적이고 명세화된 해석을 한다는 점과도 상반된다. 이와 같은 의미 설명의 어려움은 한 단어의 단일한 의미로 보이는 경우조차도 광범위한 영역의 해석 범위를 가질 수 있다는 점 때문에 발생한다.

의미를 지시 대상으로 보거나, 지시와 관련된 개념으로 보거나 이는 마찬가지이다. 만일 의미를 지시 대상으로 본다면, 단어 형태가 지시하는 다양한 지시물 즉 가능한 대상 전부를 포함할 것이며, 개념으로 본다고 해도 개념은 현실적인 존재를 통해서만 유추할 수 있으므로, 그 개념이 지시하는 다양한 사건이나 사물 간의 관계로부터 추상화된 의미체로서 포괄적인 개념과의 상관관계를 설정해야 한다. 그래서 현실에서 다양하게 나타나는 의미들을 모두 아우를 수 있는 내재된 어떤 개념을 상정하거나 그러한 자질을 나열하는 것은 불가능하며 이러한 의미 설명은 언제나 불충분하고 불만족스러울 수밖에 없었다.

의미는 구체적으로 존재하지 않으며 인간의 사고 속에 숨겨져 있다. 따라서 심리적 실재로서 의미에 대한 설명은 그 특성상 복잡하고 추상적일 수밖에 없다. 추상적인 의미를 분명히 알기 위해서는 그와 관계된 맥락이 필요하다. 의미가 맥락에 의존하여 나타나기 때문에 우리는 어휘가 사용되는 맥락 속에서 의미를 해석한다. 이는 어휘의 의미를 단순히 어휘 자체만을 통해 파악하는 것이 불가능하다는 것을 말하며, 형태와 의미를 동일시할 수 없다는 것을 의미한다. 또한 의미는 단어들의 가능한 결합을 지시하고 단어들의 결합은 의미를 가시화한다. 이처럼 통사적 형식과 의미는 서로가 상호의존적이다. 그럼에도 불구하고 많은 어휘 의미 연구자들은 의미가 드러나는 구조와 맥락의 영향을 받지 않는 독립적인 어휘 의미를 설정하려고 노력했으며 다양한 맥락적 의미들을 화용론적 현상으로 보고 의미론의 대상에서 제외하여 왔다.

많은 학자들은 어휘 의미가 다양하고 복잡하다는 것에 대해 동의하면서도 의미에 대한 설명에 있어서는 최대한 의미를 한정하려는 경향이 있었다. 이는 의미가 이성적으로 궁극적인 진리에 가까워야 한다는 생각에 바탕을 두고 있었기 때문이다. 그래서 맥락에 따라 달라지는 의미의 상대성을 인정하기 어려웠으며, 누가, 언제, 어디서 말하든 항상 예외 없이 보편적인 것으로 의미를 정의하려고 노력해 왔다. 이러한 접근 방식은 많은 언어 현상을 무시해야만 하는 결과를 낳았으며 형태와 의미의 대응이 단일하지 않다는 사실에 대해 충분히 설명할 수 없었다. 만약 우리가 다양한 의미들을 어떻게 사용하고 그것을 구분하여 인식하는지 알고자 한다면, 구조와 맥락에 따라 달라지는 다양한 어휘의 의미들을 종합적으로 검토해야만 가능할 것이다.

이러한 점에서 의미 기술은 한정될 수 없으며 단지 현재 필요한 만큼 가장 적절한 것을 찾는 것일 뿐이다.[1] 이 글에서는 우리의 실생활에서 사

---

1   Cruse(2000/2002 : 34)

용되는 단어의 다양한 쓰임들을 설명하기 위해서는 다중의미라는 개념 속에서 논의하는 것이 적절하다고 주장한다. 또한 이러한 관찰과 설명을 통해 단어 의미를 한정된 방식으로 표상할 수 없으며 의미를 보여주는 방식은 개별적인 사용에 있다는 것을 보여줄 것이다. 이는 다양한 의미에 하나의 핵이나 중심이 존재하지 않는다는 생각과 관련이 있다.

단어의 의미는 간단히 결정되지 않는다. 단어는 특정한 문맥 속에서 특정한 기능을 수행하기 때문에 그 단어가 쓰인 조건을 검토해야만 단어의 의미를 바르게 파악할 수 있다. 따라서 의미를 이해하고 사용하는 데 이용되는 다양한 문맥들을 검토하고 문맥 속에서 의미가 결정되는 방식을 파악해야 한다. 단어가 갖는 다양한 의미는 사전처리나 인지 현상만의 문제가 아니라 우리가 일상적 대화 속에서 이용하는 중요한 의사소통의 화용론적 기능이다. 따라서 사람들이 어떻게 다양한 의미의 단어를 의사소통에 사용할 수 있는지, 그리고 다양한 의미들이 해석에 어떤 영향을 주는지를 살피는 것이 중요하다.

왜 다중의미인가

다중의미는 동일한 단어 형태와 연합하여 나타나는 다수의 의미라고 할 수 있다. 단어 형태는 다양하게 해석이 가능한 의미의 집합체와 연합되기 때문에 독립된 단어만 가지고는 그 단어가 어떤 의미를 갖는지 또는 얼마나 많은 의미를 갖는지 알 수 없다. 단어의 의미를 알기 위해서는 반드시 단어가 사용되는 맥락이 주어져야만 가능하다. 단어 속에 무엇이 들어있는지 직접 확인할 수 있는 방법은 없으며, 단어가 사용되는

다중의미

맥락을 통해 드러나는 의미들만을 살펴볼 수밖에 없다.

동일한 언어 형태에 다양한 의미가 부여되는 현상에 대해서 이제까지 하나의 단어에 여러 의미가 있다는 뜻으로 다의라고 불러왔다. 하지만 다의는 의미로 인정되지 않는 수많은 맥락적 변이와, 형태는 같지만 전혀 다른 의미로 보는 동음이의에 상대적인 개념이기 때문에 어휘 형태에 연합하는 전체적인 의미 현상을 다루기에는 한계가 있다. 따라서 맥락적 변이와 동음이의로 구분해 왔던 의미 현상들을 모두 포괄하는 개념으로 다중의미를 설정하고 다중의미를 가능하게 하는 선택 가능한 의미들의 집합으로서 다중의미체를 가정하여 의미를 살펴보고자 한다. 여기서 어휘 형태는 이용 가능한 의미들인 다중의미체와 연합되며 다중의미를 구성하는 의미 사이의 관계는 복잡하게 연결된 망적(網的)인 구조로 이루어져 있다고 가정한다. 이 다중의미체는 이론적으로 가정된 의미의 가상 집합체로 이들을 한정하거나 분리하여 기술할 수 없다는 점에서 기존의 어휘소나 의미자질과는 성격이 다르다.

단어는 구체적인 의미를 단어 자체의 특성과 관련된 다양한 의미들의 통합을 통해 획득하게 되며 이 속에서 다양한 의미들이 생성되고 변화한다. 이는 단어의 의미가 과거에 생각했던 것보다 훨씬 복잡한 층위와 내부구조를 가지고 있으며 구, 절, 문장, 담화로 이어지는 더 큰 틀 속에서 다른 의미들과 통합되면서 다양한 의미들을 생성해 낸다는 것을 의미한다. 이러한 관점에서는 한 단어의 의미를 그 단어만으로는 파악할 수 없으므로 이제까지 단어 의미 연구에서 당연시해 왔던 의미 단위인 어휘는 단어 의미를 설명하는 단위로 적절하지 않게 된다. 어휘를 단어의 의미 단위로 생각하면 다양한 결합을 통해 생성되고 변화하는 의미들은 어휘 외부에 존재하는 결합 의미인 것이지 어휘 자체의 의미인 어휘 의미가 될 수 없기 때문이다.

다중의미체는 형태·통사적 단위와 구별되는 독립된 것으로 인식해야 한다. 의미는 그것이 표현되는 형태를 통해서만 접근할 수 있기 때문에 형태와 분리되지 않는다. 그렇다고 해도 의미의 독립성이 부정되지는 않는다. 언어 형태와 의미가 동일하지 않다는 것은 의미 자체의 독립성이 존재하는 근거가 된다. 이는 환언, 동의 등과 같이 동일한 의미에 다른 형태가 얼마든지 주어질 수 있다는 것과, 이와는 반대로 동일한 형태에 또 다른 의미를 부여할 수 있다는 점에서 쉽게 알 수 있다.

이처럼 의미와 형태가 일대일 대응이 아니라고 하면 한 형태가 연합할 수 있는 의미들 사이의 관계가 의미에 대한 논의의 핵심이 된다. 이에 따라 독립적 의미 단위인 다중의미체를 이용하여 단어 결합, 구 구성, 문장, 담화 등 다양한 형태·통사 층위에서 부여되는 어휘의 의미를 통합적으로 논의할 수 있을 것이다. 여기서 제기하는 다중의미는 특정한 어휘의 속성이 아니라 언어가 갖는 일반적인 특징이며, 다중의미성은 한 단어의 독립적인 개념에 들어있는 것이 아니라 다양한 요소들과의 상호작용 속에서 나타나는 것이다.

단어는 특정한 의미들의 집합에 사상(寫像)된다. 이는 단어가 하나의 의미만을 가지고 있지 않다는 것을 말한다. 그래서 단어는 다중의미적이며, 얼마나 많은 의미를 가질 수 있는지에 대해서는 누구도 제약할 수 없다. 그럼에도 불구하고 어휘의미론을 연구하는 많은 학자들은 다중의미적 단어들이 어휘 내항 안에 한정된 의미를 가진 것으로 취급하였다. 하지만 어휘 사전에 의미를 기재하는 것은 어휘 항목에 대해 이용할 수 있는 의미들의 수가 무한했기 때문에 항상 부족할 수밖에 없었다.

또한 단어의 쓰임은 그 단어를 사용하는 화자와 청자에 의해 결정된다. 어떤 의미를 표현할 것인가는 단어 내부에 존재하는 의미적 가능성을 화자와 청자가 스스로 인식하고 적극적으로 활용한 행위의 결과이기 때문이다. 여기서 핵심은 화자와 청자가 사용하는 의미와 개념의 범주는 문맥에 대한 화자와 청자의 지식과 기대에 따라 변한다는 것이다. 따라서 한 단어의 가능한 의미들의 수는 화자와 청자가 세계에 관해 가진 지식들, 그리고 의사소통이 일어나는 상황의 가능한 조합의 수에 의해서 제한된다.

다중의미체라는 덩어리로 존재하는 어휘의 의미들 속에서 우리는 문맥을 통해 특정한 의미를 결정한다. 이는 결합을 통해 선택되기도 하며 상황을 통해 선택되기도 한다. 이러한 생각은 전통적인 의미자질론에 기반한 것이다. 하지만 자질론에서는 특정한 의미가 한정된 의미자질(혹은 원소)에 의해 기술된다고 보는 반면 우리는 개념을 한정하려고 시도하는 것 자체가 무리한 발상이라는 관점에서 어휘 의미를 의미들의 덩어리 그 자체로 보아야 한다고 주장한다. 의미는 형태와 달리 직접 접근이 불가능하며 그래서 의소나 의미원자, 의미소 등으로 축소될 수 없기 때문이다.[2] 다중의미는 그러한 어휘 의미의 성격을 잘 보여주는 예이다. 이런 점에서 우리는 의미에 대해 원자적 분석이 아니라 관계적 분석을 해야 할 것이다.

이때 의미관계는 단어 그 자체 사이의 의미관계가 아니라, 단어에 대

2   Tamba(1988/2009 : 53)

한 특별한 맥락상의 해석 사이의 관계로 간주해야 한다. 그래야 의미관계가 탐구할 만한 가치가 있는 대상이며 역동적 해석 접근이 의미관계의 본성을 새롭게 해명할 수 있다는 것을 보여줄 수 있다.[3] 이처럼 어휘의 의미를 관계로 구성된 개념적 차원으로 옮겨놓는 것은 온 세계를 한 단어 속에 옮겨 놓는 것과 동일하다.

다중의미가 어휘의 내적 문제라고 가정한다면 곧바로 그 많은 의미가 어떻게 그 속에 있을 수 있느냐는 질문을 하게 된다. 이는 의미의 본질이 무엇인가 하는 질문과 관련된다. 다중의미는 어휘 속에 존재하지 않으며 문맥 속에 존재한다. 이는 곧 문맥적 층위에서 의미가 파악된다는 것을 말한다. 다중의미들은 어휘 자체만으로 파악할 수 없으며 화용적인 검토를 필요로 한다. 따라서 의미를 연구하는 것은 다분히 화용론적이 될 것이다.

다중의미는 언어의 경제성 때문에 발생하는 것이라고 생각한다. 하지만 그 해석과 설명의 복잡성을 고려하면 오히려 비경제적이라고 생각되기도 한다. 그럼에도 불구하고 다중의미를 경제성의 원리로 파악한 것은 언어가 체계적이고 조직적으로 구성되어 있다는 점을 고려한 결과이다. 복잡해 보이고 제멋대로인 것처럼 보이는 다중의미에도 언어가 갖는 체계성이 존재하며 이를 통해 우리가 쉽게 이해하고 사용할 수 있는 것이다. 만약 다중의미 해석의 방식에 구조적이거나 체계적인 면이 없다면 우리가 짊어져야 할 의미에 대한 부담이 엄청나게 커야 할 것이다. 따라서 다중의미에 대한 연구는 복잡해 보이는 의미들을 이해하도

---

3   Croft & Cruse(2004/2010 : 243)

록 하는 체계와 조직을 찾아내고 설명하는 것이 되어야 한다. 화자가 다양한 의미들을 사용할 수 있는 것은 우리의 머릿속에 체계적인 원리가 존재하기 때문이다. 따라서 어떠한 원리에 의해 창조적이고 생산적으로 언어 의미를 이용하는지 설명할 수 있는 방법을 보여줄 수 있어야 할 것이다.

또한 다중의미들 사이의 관계를 파악하여 범주화하는 작업이 필요하다. 우리의 머릿속에 존재하는 의미의 양상을 관계를 통해 살피는 것은 우리가 세상을 어떻게 이해하고 표현하는지 좀 더 잘 알 수 있는 방법을 제시해 준다. 또한 한 단어가 갖는 다양한 의미들 모두를 그 자체로 아우를 수 있는 방법이 될 수 있다. 이러한 관점에서 관계에 대한 연구는 무한한 의미들의 사용과 이해를 가능하게 하는 방식을 찾고 설명하는 것이 된다. 관계를 통한 의미 설명은 그동안 실패해 왔던 의미 한정의 방식을 벗어나 어휘 의미에 대한 새로운 기술 방식을 제공해 주며, 우리가 생산적이고 창조적으로 단어의 의미를 사용하는 능력에 대해 설명할 수 있다는 점에서 중요성을 갖는다. 의미의 조직화와 범주화의 양상은 우리의 머릿속 비밀을 밝혀줄 실마리가 될 수 있으며, 언어의 창조성과 생산성을 밝히는 노력은 인간에 대한 근본적인 탐구에 도움이 될 수 있다.

문맥을 이용한 의미 연구는 이론적으로도 실용적으로도 모두 가치가 있는 것이다. 이론적으로는 문맥을 통해 형성되는 다양한 의미를 파악하여 의미의 생산성과 창조성을 밝히는 데 기여할 수 있다. 이는 인간의 인지 체계 내에서 의미가 어떻게 조직화되는가를 밝히는 계기가 될 수 있으며, 인간의 언어 능력을 밝히는 데에 핵심적인 부분이 된다. 문맥을 구성하는 기본이 되는 언어의 결합 능력은 언어를 생성하는 기반이 되기 때문이다.

이처럼 문맥에서 떨어뜨려 어휘 독립적으로 설명하던 의미 설명 방식의 한계를 벗어나 문맥을 적극적으로 활용하는 것은 결합적 관계에 대한 설명과도 연관될 수 있으며 이는 계열관계와 통합관계의 균형적 연구로 나아갈 수 있는 기반이 된다. 문맥을 이용하여 결합적 의미 생성에 따라 계열적인 의미 분화의 양상을 구분할 수 있으므로 이러한 연구는 계열과 통합이라는 두 관계가 완성하는 의미의 양상을 보여줄 수 있을 것이다. 특히 어휘 의미 연구 가운데 의미 합성에 대한 새로운 설명력을 보여줄 수 있는 기반을 제시할 수 있게 된다.

어휘 의미에 대한 연구는 어휘 의미 교육을 위한 이론적 토대를 구축하며 이를 통해 어휘 의미에 대한 실질적 교육 방법으로 이어질 수 있다. 언어 교육은 의사소통이 중심이 되며 의사소통은 적절한 의미 전달이 핵심이다. 따라서 어휘 의미에 대한 적절한 해석 방법을 제공함으로써 학생들이 창조적이고 생산적으로 어휘 의미를 사용할 수 있는 방법을 익힐 수 있는 교육 내용을 제공할 수 있을 것이다. 특히 다양한 의미들의 체계적인 생성 방식과 다중의미들의 관계 구성 원리는 언어 이해와 사용 모두를 가능하게 하는 기반이 될 수 있다.

특히 한국어교육에 있어서 사용을 통해 의미를 익힐 수 있는 방법을 제공하여 한국어 학습자들게 유용한 교육 방법으로 이용될 수 있을 것이다. 외국어 학습자들은 동음이의도 다의도 모두 사용되는 의미들로 인식하기 때문에 개별적으로 읽히게 된다. 이런 점에서 통합적인 의미 인식을 통한 설명은 한국어 어휘 의미 교육에 대한 다양한 방법을 제시할 수 있을 것이다.

어휘 의미 설명의 관점

전통적인 어휘의미론은 어휘의 구조적 분석으로 대표된다. 하지만 자질 분석과 같이 구조적 의미를 나열하는 것은 언어의 실제 사용을 반영하기에 부족한 점이 많았으며, 의미들 간의 관련성이나 창조적 사용에 대해 설명하기 어려웠다. 특히 한 단어가 가지는 다의적 성질은 전통적인 성분분석 방법의 의미 이론 내에서는 다루기 어려운 과제였다. 전통적인 의미 이론은 한 단어가 새로운 의미로 사용되는 경우 각각에 대해 형식화함으로써 무한한 의미 증식의 위험성을 가지게 되었으며, 이로 인해 의미 차이가 발생할 때마다 새로운 의미를 추가해야 하는 문제를 안고 있었다. 의미의 생성과 변화의 측면과 관련된 논의는 다의 연구와 직접적으로 관련된다.

전통적인 의미 연구에 대한 반성을 통해 나타난 다의 연구의 흐름은 크게 인지적 접근법과 생성적 접근법으로 나눌 수 있다. 먼저 특정한 어휘가 문맥에 따라 다양한 의미를 나타내는 것에 대해 인지의미론에서는 매우 중요한 현상으로 파악하고 논의를 집중하였다. 전통적인 범주화 이론을 비판하면서 등장한 인지의미론은 다의적 의미 기술에 획기적인 전환점을 가져왔으며 이로 인해 많은 연구가 시도되었다. 원형이론으로 대표되는 인지의미론에서는 필요충분적인 범주 정의를 따르지 않으며 범주의 불확실한 경계, 범주 구성원의 비대칭성 등을 이용하여 다의적 의미의 관계를 보여주었다. 또한 기본의미에서 확장해 나가는 의미 확장의 기본 원리를 인지적 차원에서 제시하여 의미 확장에 대한 설명이 가능할 수 있었다.

하나의 형태가 여러 의미 기능으로 사상되는 규칙에 대해서 객관주의적 의미 이론은 이를 적절히 포착할 수 없었다. 하지만 실제 세계 그 자체를 언어의 의미에 두는 것이 아니라 세계에 대한 인간의 지각과 이해를 언어 구조의 기초에 두는 인지주의적 접근에서는 이러한 규칙성을 자연스럽고 쉽게 찾아낼 수 있으며 이를 통해 다양한 의미들이 동기화될 수 있었다.

인지의미론적 접근은 많은 장점에도 불구하고 몇 가지 단점이 있었다. 특히 원형이론 그 자체가 보여주듯이 범주의 구조 자체를 충분히 설명할 수 없다는 것과 원형이라는 개념에 명확한 정의 또한 없다는 것이 가장 큰 문제였다. 원형은 단지 개인의 심리적인 차원을 표시한 것에 불과할 수 있다. 또한 사회적 구조와 맥락 속에서 형성되는 의미의 특성상 원형은 불변하는 것이 아니라 끊임없이 변화한다. 예를 들어 이전 세대의 새의 원형이 참새였다고 한다면 현대 도시에 살고 있는 아이들에게 새의 원형은 분명히 참새는 아닐 것이다. 왜냐하면 현대 도시에서 참새를 보기가 어려워졌기 때문이다. 오히려 도시의 아이들에게 가장 친숙한 새는 비둘기일 것이다. 이러한 문제는 원형이라는 것이 존재하는지에 대한 의문을 불러일으키며, 그동안 원형과의 유사성을 통해 의미가 확장되어 나간다고 생각했던 원형효과를 중심으로 한 기존의 연구는 다른 방식으로 전환되어야 할 필요성을 제기한다. 의미는 중심에서 얼마나 가까운가가 아니라 의미들 사이의 상사성(相似性)을 통해 연결되기 때문이다. 또한 의미는 무한히 다른 의미들과 연결될 수 있기 때문에[4] 원

---

4   Taylor(1989)

형에서 시작한 연쇄적인 의미의 확장으로 다의적 의미를 설명하는 것은 설득력을 잃을 수 있다.

원형이라는 것이 있다면 마치 문법의 대표 형태와 마찬가지로 대표적인 의미로 생각되는 이상적인 보기로서 존재한다고 보아야 한다. 물론 어휘가 갖는 다양한 의미의 관계 속에는 좀 더 일반적인 층위인가 특수한 층위인가의 구분이 존재한다. 하지만 이는 기원이나 출발점으로서의 원형을 의미하는 것이 아니다. 이러한 생각은 현상에 대한 적절한 관찰을 빗나가게 만들 수 있는 의미에 대한 발생적 근원을 찾기 위한 수고로움을 덜어줄 수 있을 것이다.

생성주의적 접근 또한 전통적인 어휘의미론의 문제를 해결하기 위한 노력을 통해 발전된 연구 방법이다. 생성주의적 의미 해석의 가장 대표적인 예는 자연어의 의미를 개념 속에 존재하는 정보로서 파악하여 그러한 정보 구조를 함수를 통해 기술하는 것이다.[5] 하지만 이러한 기술 방식의 가장 큰 문제점은 의미자질론과 마찬가지로 기본 의미소를 어떻게 결정할 것인가에 있다. 또한 메타언어를 이용한 의미 정의는 순환론적 오류에 빠질 수 있다는 함정이 있다. 이처럼 생성주의적 접근은 복잡다단한 의미의 문제를 어떻게 어디까지 표상할 수 있는지에 대한 한계가 있으며, 기술을 통해 의미를 처리하는 방식이 원인이나 동기의 문제를 해명하기 어렵다는 문제가 있다. 또한 이들이 주장하는 것처럼 마음속 언어가 실제로 표상되는지 전혀 알 수 있는 방법이 없다는 것이 가장 근본적인 한계로 보인다.

---

5   Jackendoff(1990)

다의에 대한 논의의 문제점*

다의는 한 형태는 하나의 의미가 들어있다는 것을 전제한 관점에서 한 형태에 둘 이상의 의미가 대응되는 특이한 현상으로 주목을 받았는데 이제까지 다의에 대한 논의는 다음의 세 가지 측면에서 중점적으로 이루어졌다.

> 첫째, 다의어와 동음이의어의 구분
> 둘째, 다의어의 의미 구분
> 셋째, 다의어 의미들의 확장 양상

첫째 논의인 다의어와 동음이의어에 대한 전통적이고 상식적인 구분 기준은 의미의 유사성이나 공통성이었다. 비교되는 두 의미 사이에 유사성이나 공통성이 있으면 다의어이고 아무런 관련이 없으면 동음이의어라는 것이다. 그러나 두 의미의 관련성은 추론적인 것이므로 객관적이고 구체적인 기준을 제시할 수 없다는 점에서 이러한 구분 방식은 문제가 있다. 이에 대한 또 다른 기준으로 역사적인 기원을 제시하기도 하지만, 이 또한 오랜 시간이 지나 화자의 어원의식이 사라진 후에는 이용하기 어렵다는 문제가 있다. 실제로 심리학적 실험 결과는 동음이의어와 다의어의 심리적 표상이 다르지 않다는 결과를 보여주었는데[6] 이는 다의와 동음이의의 구분이 실제적이라기보다 이론적인 것이라는 근거라고 할 수 있다.

---

*   이민우(2009)

6   Klein & Murphy(2001), 신현정 외(2004)

동음이의어와 다의어의 구분과 마찬가지로 둘째 논의인 다의어 내부의 의미 구분은 사전처리를 위한 연구에서 중점적으로 논의되는 주제이다. 여기에서는 파악 가능한 둘 이상의 의미가 분명하게 구분되는 의미인지, 아니면 단순한 문맥적 변이인지를 구분하는 것이 중요하며 사전에 의미를 나누어 기술하기 위해서 다양한 방식으로 구분 기준을 설정하였다. 일반적으로 사전은 어떤 단어든지 그 단어에 대한 소수의 의미를 어휘 내항에 기재하여 다의를 처리한다. 이에 따라 몇몇 어휘 의미 연구자들은 다의적 단어들이 어휘 내항들 안에 다의 의미들을 가진 것으로 취급한다. 하지만 의미의 목록화는 우리가 사용하는 모든 의미를 기재할 수 없다는 한계를 가진다. 어휘 항목들이 많은 다른 개념들로 사상되고, 그래서 다의적일 수 있지만 한 단어의 다의관계에 대한 원칙적인 제한은 없다. 한 단어의 잠재적인 의미 용법은 무한하기 때문이다.

의미를 명확히 가르는 것은 사전 편찬과 같은 실용적인 면에 있어서 중요한 문제이다. 그래서 사전 편찬자는 그들의 경제적, 문화적 상황에 따라 명확하게 의미를 나누고 기술한다. 하지만 실제 언어생활에서는 그렇지 않다. 일상적인 대화 속에서는 명확한 의미보다는 모호하고 간접적인 의미들이 더 많이 사용되며 우리는 대략적인 의미를 가지고서도 추론을 통해 얼마든지 문제없이 살아 갈 수 있다. 동음성과 다의성의 구분이나 얼마나 많은 다의 의미로 구분할 수 있는지 등의 문제는 사전적 처리나 전산처리 상의 문제일 뿐 실제 우리의 머릿속에 존재하는 의미 구조와는 상관이 없어 보인다.

이런 점에서 의미 연구자에게 있어서 사전 편찬자와 같은 인위적인 의미 분할의 노력은 불필요하다. 의미에 대한 연구는 사전 편찬이 목적이 아니라 우리의 일상적인 삶 속에서 의사소통을 가능하도록 만드는 방식을 찾고 이해하는 것이기 때문이다. 따라서 명확히 구분되지 않는 의미를 가지고도 사람들이 아무렇지 않게 그 수많은 의미들을 이해하고 사용할 수 있는 방법이 무엇인지 살피는 것이 더 중요할 것이다.

어휘가 다양한 의미로 해석되는 현상에 대해 다형태로 볼 것인지 단형태로 볼 것인지, 혹은 동음이의어인지 다의어인지에 대한 논의는 의미의 사용과 해석에 대한 문제의 핵심에서 벗어나는 논의이다. 여기서 문제의 핵심은 동일한 어휘가 다양한 문맥에서 실현되며 각기 다른 의미로 해석될 수 있다는 것이다. 그리고 그것이 바로 언어가 가진 본질적 속성이며 우리가 초점을 두어야 할 문제이다. 그래서 어휘가 생성해내는 의미들을 분석하고 그 원인을 따라 해석 가능한 의미들을 설명해야 한다.

마지막으로 의미 확장에 대한 논의에서는 다의어 의미들의 유사성, 혹은 공통성을 찾는 것에 집중해 왔으며, 대부분 기본의미에서부터 의미가 어떻게 확장되는지를 살피는 것에 중점을 두어 왔다. 이는 다의를 이루는 의미들 간의 관계를 찾아 설명하는 작업이라고 할 수 있다. 관계는 전통적으로 의미를 규정하기 위한 방법으로 이용되어 왔던 것이다. 이러한 관점에서 어휘의 의미는 독립적으로 존재하지 않고 상대가 되는 어휘의 짝을 통해 결정된다고 생각했으며 이는 장이론으로 대표되는 연구를 발전시켰다. 하지만 다의에 대해 의미 확장의 관점으로 접근하는 것은 단어의 의미에 대한 단의적 접근과 다르지 않다. 단어의 의미에 대한 단의적 접근은 다의어들이 어휘 내항에 단일 의미를 가지고 있고 다의는 이들에 의해 파생된 것이라고 가정하기 때문이다. 그리고 이러한 관점에서 다의어의 의미는 의소를 설정하는 것과 마찬가지로 다른 의미들을 파생시킬 수 있는 추상적 의미로 기재된다.

　의미 확장의 방향성 상정 역시 실제로 파악하기 어려운 경우들이 있다는 점에서 문제가 될 수 있다. 의미는 구체적인 것에서 추상적인 것으로 변화하는 것이 일반적이지만, 그 반대의 예들도 존재하며 때때로 시간적 선후 혹은 변화의 선후 과정을 파악하기 어려운 예들이 존재하기 때문이다. 중세 국어에서 중생이 모든 생물을 지칭하는 것에서 사람만을 의미하게 된다던가, 언니가 남녀 구분 없이 손윗사람에게 사용되던 것이 여자에게만 사용하게 된 것과 같은 의미 축소의 예들, 그리고 명명에 있어서 추상적인 의미에서 구체물을 지칭하는 의미로 사용되는 텔레비전과 같은 예들을 들 수 있다.

　의미 확장의 방식으로 다의에 접근하는 것은 역사적인 변화의 관점에 따라 논의할 수 있지만 공시적으로 어휘의 개념적 의미에 동시에 존재하는 다의를 설명하기에는 어려운 부분이 많이 있다. 물론 의미 범주의 그물망 속에서 더 중심적인 의미와 덜 중심적 의미가 존재할 수 있다. 하지만 그것은 기원적인 의미가 아니라 다른 의미와 더 많이 연결되어 있거나, 더 많이 쓰이는 의미로서 존재할 뿐이다. 이런 점에서 어휘에 대응하는 의미 개념들의 집합은 중심에서 확장되는 방사상 범주라기보다는 단일한 중심이 존재하지 않는 그물망 범주로 구성되어 있다고 보아야 한다.

　다의는 기본의미에서 확장되거나 연쇄적으로 파생된 것이라기보다 개념적 관계들의 발견, 혹은 새로운 관계의 생성을 통해 나타난다. 따라서 잠재적으로 모든 어휘는 다의성을 가지며 이는 개념들 간의 관계 구성을 통해 드러난다. 따라서 다의 연구에서 정말 중요한 것은 한 단어가 다양한 의미로 구성되며 그 의미들은 서로 관계가 있다는 것을 파악하는 것이다. 우리는 그들이 어떻게 관계를 맺고 있으며 그러한 관계가 어떻게 생겨나고 또 우리가 그 많은 의미들 속에서 어떤 것을 어떻게 드러내고 이해하는지 아는 것에 집중해야 한다. 이러한 생각은 그동안 다의 관계를 설명해 온 의미 간의 유사성과도 일치한다. 두 의미가 유사하다는 것은 관계가 있다는 것이며 이는 곧 우리가 둘 사이의 관계를 알고 있다는 것을 의미하기 때문이다. 관계가 있다는 것은 그들이 하나의 개념으로 묶여 존재한다는 것을 보여주는 것이다. 관계를 중심으로 한 어휘의 개념체계를 살피는 것은 워드넷(word-net) 연구와 유사하다. 워드넷은 어휘들 간의 개념적 관계를 보여준다는 점에서 한 단어에 대응하는 개념들의 관계인 다의와 구분이 된다.

　우리는 다양한 의미가 언어 내부의 체계와 인간의 인지 능력이 상호작용하여 일어나는 현상이라는 인지의미론의 관점에 적극 동의한다. 인지의미론은 언어 표현의 의미가 특정한 언어 표현에 대한 특별한 개념적 내용에 접근을 제공한다는 사실로부터 발생하는 것으로 간주한다. 그래서 그 범위는 비결정적일 수 있으며 언어적 의미와 백과사전적 의미를 구별하지 않는다.[7]

　또한 인지의미론적 접근은 생성의미론이나 형식의미론에 대립적인 관점을 취한다. 인지의미론은 언어는 자립적인 인지능력이 아니며, 언어 지식의 표상이 본질적으로는 다른 개념 구조의 표상과 동일하다는

7　　Cruse(2000/2002 : 37)

것과, 이 언어 지식을 사용하는 과정이 인간이 언어 영역 밖에서 사용하는 인지능력과 근본적으로 다르지 않다고 주장한다. 또한 언어 지식은 언어 사용으로부터 발생한다고 본다. 즉 특정 상황에서 사용된 특정한 발화들을 인지하는 것에서부터 의미론의 범주들과 구조들이 형성된다는 것이다.[8]

이에 따라 의미를 파악하고 설명하기 위해서는 구조적 관계나 의미가 모두 어휘부 내에 존재하는 것이 아니라 실제적인 상황 맥락에서 실시간으로 해석되는 것이라고 보고자 한다. 사용 맥락을 강조한다고 해서 언어 표현이 의미 해석에 필요한 원료의 핵심적 성분을 제공한다는 사실을 부인하지는 않는다. 다만 언어 표현은 많은 성분 가운데 하나의 성분만을 표상하는 것이며 단어가 실제로 의미를 지니는 것이 아니라는 것이다. 의미는 비언어적 정보와 맥락에서 이용할 수 있는 정보, 그리고 청자의 마음 상태에 관한 추측 등과 함께 언어 요소의 특정 부분을 실마리로 사용하여 우리가 해석하는 어떤 것이다.[9]

아무리 완벽해 보이는 이론도 부분적일 뿐이다. 의미는 논리적 용어들로 정의되기도 하지만 그들은 어휘 의미에 대한 기억과 사용에 대해 거의 설명해 주지 못한다. 따라서 의미에 대한 설명은 사회적, 의사소통적, 그리고 심리적 제약들과 관련하여 고려되어야만 할 것이다. 이러한 방식의 의미 파악을 위해서는 먼저 실제 의미가 어떠한 방식으로 사용되고 있는지 관찰해야 할 것이다. 다음으로 그러한 의미를 우리는 어떻

---

8   Croft & Cruse(2004/2010 : 19-22)

9   Croft & Cruse(2004/2010 : 172)

게 인식하고 표현하는지 살펴야 할 필요가 있다. 이는 언어의 생산성과 관련된 문제이므로 무한한 의미를 가능하게 만드는 원인을 설명해야 할 것이다. 의미의 관계를 논하기 위해서는 어휘가 갖는 의미관계에 대해서 먼저 언급해야 할 것이며 이를 기반으로 다양한 의미들 사이의 관계를 유형화해야 할 것이다.

03 | 의미 기술의
한계와
의미 사용

의미 기술의 한계

● 동사의 의미 기술

의미를 알려주는 가장 대표적인 도구는 사전이다. 사전의 의미 기술은 의미 파악과 해석에 대한 관점을 대표하는 것으로 기존의 의미 연구의 결과를 볼 수 있는 대표적인 예이기도 하다. 일반적으로 사전의 의미 기술 방식은 한 단어에서 보이는 여러 의미 사이의 변별적 차이를 중심으로 기술하여 왔으며, 최근 대량 말뭉치 구축과 전산처리의 발달로 문형 정보 또한 의미 구분의 기준으로 사용되고 있다.

사전은 사람들에게 단어의 의미를 알려주는 전범이라고 생각하지만 결국 사전의 의미 또한 사전 편찬자의 관점과 직관을 따른다는 점에서 사전마다 의미의 차이가 나타나게 된다. 예를 들어 국어사전을 대표하는 〈표준국어대사전〉의 의미 기술은 품사, 문형, 의미의 3단계로 구분되며 의미를 가급적 세분화하여 나열하려는 모습을 보여준다. 또한 문법 형태의 차이를 의미 분할의 기준으로 삼고 있다. 의미 배열은 기본의미를 우선 배열하고 그것에서 확장된 의미의 순서로 배열하는 것을 기준으로 삼고 있다. 기본의미와 관련성이 명확하지 않은 경우는 널리 사용되는 것을 우선적으로 배열하는 것을 원칙으로 하고 있다. 이와 달리 또 하나의 대표적 사전인 〈연세한국어사전〉은 동사의 통사적 결합관계를 분석하여 유형별로 배열하고 있는데 격틀이 다르거나 문법적인 부류가 다른 것을 먼저 구분하고 이후 다른 의미 부류들을 구분한다. 단어에 대한 의미 기술은 통사구조, 기본의미, 사용 빈도순으로 배열되어 있다.

구체적인 의미 기술의 차이를 동사 지다를 예로 살펴보자. 먼저 국립 국어원에서 발간한 〈표준국어대사전〉에서는 '지다'를 총 다섯 개의 동음이의어 항목으로 구분하여 기술하고 있으며 각 항목에 대해 세분화된 다의적 의미를 기술하고 있다. 세부적인 의미 기술에 있어서는 주요 문형을 함께 기술하며 항목에 관련된 관용어를 제시하고 있다. 〈연세한국어사전〉도 유사하게 '지다'를 총 다섯 개의 표제어 항목 아래 각 항목마다 다의적 기술을 하고 있다.

외형적 구조는 유사해 보이지만 두 사전의 기술을 살펴보면 '지다'의 표제어 항목 선정에서도 서로 다른 모습을 보이며 하위 항목 기술에서도 차이가 나타난다. 표제어 항목 수는 두 사전 모두 다섯 개로 같지만 실제 내용은 차이가 있다. 보통 사전의 의미는 기본의미로 보이는 것부터 순서대로 기술되는데 〈표준국어대사전〉의 1번 표제어인 [젖이 불어 저절로 나오다]는 의미의 '지다'는 〈연세한국어사전〉에 수록되지 않았으며 〈연세한국어사전〉 5번 표제어인 [점점 어떤 상태로 되어 가다]라는 의미의 조동사는 〈표준국어대사전〉 4번 표제어의 하위 항목으로 기술되어 있다. 동일한 표제어 항목의 배열 순서에서도 차이가 있다. 〈표준국어대사전〉의 5번 표제어는 〈연세한국어사전〉에서 3번 표제어로 등재되어 있다. 이는 〈연세한국어사전〉이 〈표준국어대사전〉과 달리 말뭉치에서 파악한 사용 빈도를 중심으로 기술되었기 때문이다.

동일한 항목으로 보이는 표제어의 하위 의미 구분과 기술 방식에서도 차이를 보인다. 〈표준국어대사전〉에서 [해나 달이 서쪽으로 넘어가다]라는 의미인 지다^2 하위 항목에는 8개의 다의 기술이 되어 있는 반면 〈연세한국어사전〉에서는 이와 동일한 의미인 지다^1 항목에 세 개로만 다의 기술이 되어 있다. 또 〈표준국어대사전〉에서는 [어떤 현상이나 상태가 이루어지다]라는 의미인 지다^4 하위 항목에 생성의 의미와 보조동사의 쓰임을 다의적으로 기술하는 반면 〈연세한국어사전〉에서는 이 둘을 지다^{4}와 지다^{5}로 세분하여 동음이의어로 기술하고 있다. 이러한 사전 의미 기술의 차이는 다의적 의미 구분의 어려움을 직접적으로 보여주는 예이다.

본동사로 사용되는 '지다'로 한정하여 위에서 살펴본 사전적 기술에 공통적으로 나타나는 통사·의미적 특성을 다시 한번 살펴보자. 먼저 동사 '지다'는 통사적으로 자동사와 타동사로 구분되고 있다. 자동사와 타동사로 구분되는 '지다'는 역사적으로 지다와 디다라는 다른 형태에서 기원하여 18세기 이후 구개음화로 인해 형태가 같아졌다는 점에서 형태적으로나 통사적으로 구분된다. 이에 따라 〈표준국어대사전〉에서는 지다⁵가 〈연세한국어사전〉에서는 지다³이 타동사이며 나머지 표제어는 자동사로 구분된다.

한편 타동사 '지다'의 의미역은 행위주(Agent) 주어와 대상(Theme) 목적어가 사용된다. 자동사 '지다'는 주어의 의미역에 따라 경험주(Experiencer) 주어가 사용되는 것과 대상(Theme) 주어가 사용되는 것으로 구분할 수 있다. 〈표준국어대사전〉에서는 지다³이, 〈연세한국어사전〉에서는 지다²가 경험주 주어를 갖는 '지다'로 구분되고 있으며 나머지는 모두 대상 주어를 갖는 '지다'로 볼 수 있다. 두 사전 기술 모두 이러한 구분은 명확한 것으로 보인다.

하지만 대상(Theme) 주어를 갖는 '지다'의 경우에 있어서는 다의어와 동음이의어의 구분에 혼란이 엿보인다. 두 사전의 의미 기술 기준에서 설명한 바대로 문형을 중심으로 의미 구분을 했다면 통사·의미적 공통성에 의해서 위와 같은 둘 또는 세 가지 의미 구분이 먼저 이루어져야 할 것이며 이후 결합하는 명사구들의 의미적 특성과 상황 맥락에 따라 세부적인 하위 의미들로 정리되는 것이 합리적임에도 실제 구분 방식은 그렇지 못하여 기술자의 자의적 선택과 판단을 벗어나지 못하는 것처럼 보인다. 또한 중심의미인 첫 번째 의미 선정의 기준도 불분명하다. 〈표준국어대사전〉은 지다² 01번 의미를 [해가 지다]로 둔 반면 〈연세한국어사전〉은 [꽃이 지다]를 01번 의미로 두었다. 〈표준국어대사전〉과 〈연세한국어사전〉 모두 중심의미라는 가장 기본적인 의미를 사전 기술자의 선택에 맡겨놓은 것이다.

의미 기술에 있어서도 두 사전 모두 추상적 기술에 그치고 있으며 동어반복적 기술을 벗어나지 못한다. 지다^{2}의 첫 번째 의미는 [해나 달이 서쪽으로 넘어가다]로 기술되는데 이는 '지다'가 사용된 예들 가운데 대표적으로 사용된다고 생각되는 명사를 이용하여 의미를 보여주는 것이다. 지다^{4}의 경우는 이와 달리 의미에 대표적으로 사용되는 구체적인 명사를 보여주지 않고 있어 더욱 추상적으로 기술된다. 지다^{4}의 첫 번째 의미는 [어떤 현상이나 상태가 이루어지다]로 기술되어 있는데 '지다'가 모든 현상이나 상태에 사용될 수 없다는 점에서 사전 이용자는 이러한 설명만으로는 실제 '지다'의 의미를 알기 어렵다.

이러한 문제는 〈연세한국어사전〉에서도 마찬가지이다. 〈표준국어대사전〉과는 달리 설명 앞부분에 괄호를 추가하여 기술을 한정시키려고 노력하고 있지만 결국 기술은 추상적이며 예문은 한정적이다. 그리하여 지다^4 01번 의미인 [(어떤 모양이나 상태가) 생겨서 나타나다]와 두 번째 의미 [(어떠한 상태가) 생겨 그러한 상태가 되다]의 구분은 설명만 가지고서 얼마나 변별성을 가지는지 알 수 없다.

대표적인 두 사전에서 보여준 의미 기술 방식은 의미를 설명하는 한계를 보여준다. 환원적으로 이루어지는 의미 기술 방식은 동사의 의미 기술은 결국 결합하는 명사들의 유형에 따라 구분된다는 것을 보여주며 우리는 실제 사용 예들을 통해 가능한 의미들을 추정할 수밖에 없다는 것을 알려준다.

● 명사의 의미 기술

그렇다면 명사의 경우는 어떠할까. 동사와 달리 명사는 사물의 이름을 나타내는 것으로 대부분 지시물과 관련하여 이해된다. 명명(命名)은 인간이 어떻게 세상을 범주화하고 있는지 보여주는 것으로 명사들을 통해 세상을 구분하고 이해하는 양상을 알 수 있다. 특히 신체에 대한 개념화는 인간의 가장 근본적인 인식 수단이 된다는 점에서 일차적이고 기본적인 범주화의 예가 된다. 사전에서도 명사에 대한 의미 기술은 동사보다 훨씬 구체적이며 직접 지시가 가능한 대상이 기본적인 의미로 기술된다. 그러면 이제 신체의 일부로서 가장 기본적인 인식의 대상이 되는 단어이면서 다양한 의미 양상을 보여주는 좋은 예인 '머리'의 의미 기술을 살펴보자.

〈표준국어대사전〉은 '머리'를 4개의 동음이의어 항목으로 구분하는데 우리가 익히 알고 있는 신체의 일부분인 머리는 머리[1] 항목에서 열한 개의 하위 의미와 함께 50여 개의 관용어들이 제시되며 나머지 '머리'는 어떻게 사용되는지 모를 수량사와 외국인 이름이다. 〈연세한국어사전〉에서는 〈표준국어대사전〉에서 수량사와 고유명사를 등재한 것과 달리 동음이의어 없이 〈표준국어대사전〉의 1번 표제어와 동일한 '머리'만 제시되어 열 개의 하위 의미로 구분되고 있으며 관용어들이 함께 제시된다.

그다지 혼란스럽지 않을 것처럼 생각했던 명사의 의미 기술에서도 두 사전은 앞서 살펴본 동사의 의미 기술과 동일한 문제점을 보여준다. 우선 표제어 선정의 문제는 차치하더라도 동일한 대상의 하위 의미 구분에 있어 차이가 크다. 〈표준국어대사전〉과 〈연세한국어사전〉에 공통으로 기술된 의미는 다섯 개뿐으로 〈연세한국어사전〉에는 〈표준국어대사전〉에 기술된 의미 중 다섯 가지 의미가 기술되어 있지 않다. 또 〈연세

다중의미

한국어사전〉이나 〈표준국어대사전〉 모두 상대 사전에서는 구분하지 않은 의미를 따로 세분하여 기술하기도 한다.

　두 사전 모두 의미에 대한 설명은 [사람이나 동물의 목 위의 부분]과 같이 구체적으로 지시할 수 있는 가능한 지시물에 대한 설명으로 이루어진다. 하지만 추상적인 의미에 있어서는 설명 방식이 달라진다. 〈표준국어대사전〉은 머리[1] 06~10번까지 모두 비유적인 표현으로 설명하고 있으나 〈연세한국어사전〉에서는 그러한 설명은 보이지 않는다. 비유적 표현을 구분되는 의미로 기술하는 것은 그동안 문맥적 변이로 놓았던 의미들의 처리와 관련된 문제를 가져온다. 비유적인 사용의 어디까지를 의미로 기술할 수 있는가 하는 한계를 설정하기 어렵기 때문이다. 그런 점에서 볼 때 〈연세한국어사전〉처럼 비유적 표현을 기술하지 않는 방법을 선택할 수도 있지만 기본의미를 설정하고 그것으로부터 확장된 것으로 의미를 분석한다면 〈연세한국어사전〉에서 05번 [사물을 판단하는 능력], 06번 [생각이나 기억], 09번 [어떤 일의 앞부분] 등은 모두 01번 [사람의 목 위 부분]과 관련된 비유적인 표현이라고 할 수 있다는 점에서 동일한 문제를 갖게 된다.

　더욱이 〈연세한국어사전〉 06번 의미 [생각이나 기억]이라는 의미는 정확한 기술이 아닌 것으로 보인다. 06번 의미의 예시문으로 "그는 아무리 생각해도 좋은 도리가 머리에 떠오르지 않았다."를 제시했는데 여기서 '머리'는 [생각이나 기억]이 아니라 [생각이나 기억의 장소]로 보이기 때문이다. 만약 머리에 대해 형태와 기능의 이중적 의미를 가지고 있다고 본다면 크게 두 가지 의미에 대한 하위 의미로 기술하는 것이 더 합리적이다. 이러한 의미적 판단은 함께 사용되는 서술어와 그 서술어와 맺는 관계에 따라 구분될 수 있는 것이다.

이와 같이 한정된 서술어와의 관계에 따른 구분은 관용어 기술에서 구체적으로 드러난다. 아울러 두 사전에서 관용어 기술은 의미 구분에서보다 더 큰 차이를 보여준다. 〈표준국어대사전〉과 〈연세한국어사전〉에서 제시된 관용어는 50개와 48개로 엇비슷하지만 그 내용은 많이 다르다. 두 사전에서 일치하는 관용어 표제어는 26개로 반 정도밖에 되지 않는다. 〈표준국어대사전〉이 역사적으로 한정된 표현을 관용어로 주로 기술하는 것처럼 보이는 반면 〈연세한국어사전〉은 공시적으로 훨씬 포괄적인 관용어들을 기술한다. 이러한 차이는 관용어 선정 기준 자체가 모호하다는 것을 보여준다.

관용어는 구성요소의 의미로 파악할 수 없는 새로운 의미라는 점에서 항목을 구분하여 기술할 필요가 있다. 하지만 무엇을 관용어로 볼 수 있는가 하는 문제는 항상 남는다. 관용어로 제시되는 예들이 앞서 기술된 표제어의 하위 의미 항목들처럼 예를 통해 이해된다면 이들은 〈표준국어대사전〉에서 비유적 의미를 하위 의미로 구분하여 제시한 것과 마찬가지이기 때문이다.

관용어 기술에 있어서 또 다른 문제는 관용어에 대한 기술이 명사 항목에서만 보인다는 점이다. 관용어 구성은 동사와 명사의 고정된 결합을 통해서만 이해되는 것으로 동사의 쓰임과 함께 알 수 있는 것이다. 따라서 관용어 기술은 명사도 동사도 아닌 두 구성요소의 결합 자체가 구성하는 의미라는 점을 고려해야 하기 때문에 명사, 혹은 동사 어느 한쪽을 핵으로 보고 일방적으로 기술하는 것은 한계를 가질 수밖에 없다.

실제 의미의 사용 양상

● 동사의 의미 사용

앞서 사전 의미 기술에서 살펴본 어휘가 실제 언어 자료 속에서는 어떤 의미들로 사용되고 있는지 파악해 보자. 사용 의미를 식별하기 위해 국립국어원에서 구축한 550만 어절 말뭉치 자료를 이용하였다. 먼저 동사 '지다'가 사용된 문맥의 명사구들을 정리한 결과는 다음과 같다. 말뭉치 속에서 '지다'는 본동사보다(빈도수 1166회, 상대빈도 .0209) 보조동사로 (빈도수 21899회, 상대빈도 .3927) 쓰이는 예가 더 많이 나타났다. 이는 '지다'가 어휘적 의미를 갖는 쓰임보다 문법적 의미를 갖는 쓰임으로 더 많이 쓰인다는 것을 보여준다. 우리는 본동사의 사용 의미에 관심을 두고 있으므로 보조동사로 사용되는 예를 제외하고 다시 정리하였다.

[표 1] 동사 '지다'가 사용된 문장의 명사구 분류

종류	주어 명사구		목적어 명사구		기타 명사구	
	빈도	상대비율	빈도	상대비율	빈도	상대비율
수치	710	0.476	559	0.178	78	0.576

동사 '지다'가 사용된 총 1,166개의 문장에서 주어와 목적어 그리고 기타 명사구의 사용을 분류한 결과 주어 명사구는 710개, 목적어 명사구는 559개, 그리고 부사어로 사용된 명사구는 78개로 나타났다. 이들 중 주어의 상대비율이 .476, 목적어의 상대비율이 .178로 매우 낮게 나타나고 있다. 상대비율이 낮다는 것은 그만큼 사용에 있어서 한정된 양상을 보여주는 것이다.

동사 '지다'는 문법적으로 자동사와 타동사로 구분되며 결합하는 주어 명사구는 의미역에 따라 크게 3가지로 구분된다.

[표 2] 동사 '지다'가 사용된 문장의 주어 자리 명사구의 의미역 분류

의미역(Themantic role)	항목수(token)	유형수(type)	비율(token/type)
행위주(Agent)	331	204	0.616
경험주(Experiencer)	95	59	0.621
대상(Theme)	284	74	0.260
계	710	337	0.474

자동사로 쓰이는 '지다'는 경험주 주어와 대상 주어의 두 가지 부류로 구분되는데 경험주 주어가 쓰인 경우는 도달점 역할을 하는 부사어가 함께 쓰이기도 한다. 행위주 주어를 갖는 '지다'는 모두 타동사에 속한다. 타동사로 사용되는 '지다'의 의미는 목적어로 사용되는 명사구를 살피는 것으로 의미를 구분할 수 있다.

자동사 '지다'의 주어 의미역할은 대상(Theme)으로 같지만 각 명사가 갖는 의미의 유형에 따라 '지다'와 결합하여 나타내는 의미는 다양하다. 주어 명사가 해나 달, 별과 같은 천체물일 경우는 [서쪽으로 넘어가]는 의미가 되며, 주어 명사의 유형이 꽃이나 나뭇잎과 같은 식물의 일부분인 경우 '지다'와 결합하여 나타나는 의미는 [그 일부분이 떨어지]는 의미로 해석된다. 주어 명사구가 얼룩, 때와 같은 경우는 [닦이거나 씻기어 없어지]는 의미라고 할 수 있다. 그림자, 대머리처럼 주어 명사구가 모양이나 상태인 경우에는 [모양이나 상태가 생겨서 나타나]는 의미로 볼 수 있으며, 노을, 홍수처럼 자연 현상인 경우는 [자연 현상이 발생하]는 의미로 파악된다. 마지막으로, 원수, 한과 같은 주어 명사구는 [좋지 않은 관계(또는 상태)가 된] 의미로 파악할 수 있다. 이러한 구분은 동사와 결합하는 명사구들의 유형을 이용한 것으로 직관적으로 구분된다.

'지다'의 경험주(Experiencer) 주어는 사람이거나 집단으로 나타나며 대부분 [싸움이나 경쟁에서의 패배]라는 의미를 보여주는 것으로 해석된다. 사람이 아닌 동물이 주어로 나오는 경우가 보이는데 이들도 직접적인 동물의 싸움으로 해석된다. 집단의 경우는 회사나 단체 또는 국가, 장소 등이 사용되는 예들도 볼 수 있다. 다만 그림과 같은 사물이나 목소리와 같은 현상이 사용되는 예가 보이는 특이한 예가 발견된다.

- 그때 당신이 소장하고 있는 그림은 이길 것인가 질 것인가.
- 엄마의 목소리도 지지 않게 영악스러웠다.

위의 문장처럼 경험주가 되기 어려운 대상들이 주어로 사용된 경우 싸움이나 경쟁이라기보다는 특정한 속성의 비교에 있어서 낮은 정도라는 의미를 드러내는 것으로 보인다.

타동사 '지다'의 의미는 결합하는 목적어를 통해 의미 유형이 구분된다. '지다'의 목적어가 되는 대상은 크게 구체물과 추상물로 구분되는데 좀 더 세분해서 살펴보면 구체물의 경우 짐과 같이 사람의 등에 직접 짊어질 수 있는 물체의 부류와 산과 같이 직접 짊어질 수는 없는 대상으로 구분된다. 전자의 경우 의미는 [어떤 물건을 등에 지는] 의미로 파악되며 후자의 경우를 사전 기술에서처럼 나눈다면 [무언가를 뒤쪽에 두고 있는] 의미라고 할 수 있다. 추상물 또한 [신세를 입게 되는] 경우와 [의무나 책임 등을 맡게 되는] 경우 그리고 [빚을 지게 되는] 등으로 세분하여 살필 수 있다. 타동사 '지다'의 의미는 목적어 의미 유형에 따라 6개 정도의 의미로 파악되며 이들 의미의 유형별 구분은 더욱 세부적으로 나눌 수 있다.

특이한 것은 자동사 '지다'의 사용 의미로 파악된 [좋지 못한 관계]를 의미하는 '척이 지다'의 주어 명사구 '척'이 타동사의 목적어로 사용되고 있다는 것이다.

- 신왕(新王)이 혹시라도 선왕(先王)과 척을 진 인물이어서…

특정한 상태의 변화라는 관점에서 고려한다면 이러한 사용은 추상적 대상을 입게 되는 의미와 유사해 보인다. 그렇다면 추상적인 의미로 사용되는 '지다'를 자타양용동사로 보아야 할 것이다. 문제는 타동사인 [어떤 물건을 등에 지는] 의미와의 관련성이다. 생성의 의미를 동음이의어로 처리한다면 위의 예들로 인해 추상적 의미로 사용되는 타동사의 예들을 분류하기 어려워지는 문제가 생긴다.

앞에서 살펴본 것처럼 사전은 동음이의어 항목을 구분하고 각 의미 내에서 다의적으로 의미를 기술한다. 문제는 동음이의어로 구분한 두 의미의 구분 기준이다. 사전은 자동사로 사용되는 의미를 [구체적으로 넘어가거나 떨어지거나 죽거나 없어지는] 의미와 [추상적인 현상이나 상태가 이루어지거나 발생하는] 의미, 그리고 [등에 지거나 뒤에 두거나 책임, 의무, 빚 따위의 추상적인 어떤 것을 지는] 의미 등으로 구분하였지만, 실제 사용에서는 세부적인 의미들과 마찬가지로 명확히 구분하여

다중의미

결정할 수 없는 예들이 나타나며 결국 어떤 의미인가에 있어서는 동음이의어나 다의어나 모두 마찬가지가 되어버린다. 이처럼 의미적 관련성을 고려한다면 자·타동사의 구분과 같은 문법적 성질을 동음이의어의 구분 기준으로 삼기 어렵다.

위에서 본 것처럼 세 가지 의미역할에 따른 의미 구분과 하위 의미들은 명사구들의 종류에 따라 같은 부류의 의미들로 묶일 수 있다. 이는 몇몇 예들을 제외하고 '지다' 의미들의 구분이 그와 결합된 명사 유형들의 구분과 일치하고 있다는 것을 통해 알 수 있다. 그래서 만약 명사구의 유형이 다르다면 의미의 차이를 인식하게 되며, 명사구의 의미를 모른다면 해석에 어려움을 겪게 된다. 이처럼 명사구들의 유형에 대한 인식에서 비롯된 유사성과 관련성은 '지다'의 의미들이 어떻게 관련될 수 있는지를 보여주는 중요한 근거가 된다.

이때 이들 명사구의 구분은 균등하거나 동일한 층위에서 이루어진 것처럼 보이지 않는다. 해와 달의 경우 유일하게 존재하는 것으로 초승달이나 태양처럼 다른 표현으로 지시되더라도 동일 지시물에 대한 다른 관찰이거나 다른 명명이기 때문에 꽃이나 잎처럼 진짜 다른 하위 유형을 구분하는 것과 다르다. 또 꽃과 잎은 모두 식물의 부분을 이루며 잎새, 꽃대, 꽃송이들은 다시 꽃과 잎의 하위 구성 부분을 이룬다. 이와는 달리 모란, 목련, 벚꽃 등은 꽃의 하위 유형으로 분류되는 다른 예들이다.

그러나 이와 같은 유형들에 대한 구분만으로 의미를 명확히 나누기는 어려워 보인다. 꽃송이와 같은 경우 '지다'가 결합할 때 [떨어지는] 의미가 아닌 [발생하는] 의미로도 해석될 수 있기 때문이다. 이러한 해석의 차이는 부분전체관계나 포함관계 이외에도 지시 대상의 다양한 속성에 대한 지식이 의미해석에 관여한다는 것을 말해주는데 이와 유사하게 얼룩이나 때 또한 [없어지는] 의미와 [생겨서 나타나는] 의미 모두 가능하다.

위의 예들은 명사가 갖는 특정 속성에 대한 지식과 상황에 대한 고려 여부에 따라 동사의 의미가 대립되는 두 가지 방향으로 다르게 해석될 수 있다는 것을 보여준다. 이때 대립되는 의미는 앞선 다른 관계처럼 동일성을 갖지는 않는다. 이와 같은 예들은 다른 단어와 결합하지 않은 독립된 단어만 놓고 의미를 쉽게 결정할 수 없다는 것을 말하며 의미를 결정할 수 없다는 것은 단어와 연합하는 의미들이 다중적이기 때문이라는 것을 말해준다.

두 단어의 결합만으로 의미를 결정하기 어려운 경우 문장 전체를 살펴보는 것으로 해결하게 된다. 하지만 '꽃송이가 지다'나 '때가 지다'와 같은 경우 우리는 '꽃송이'와 '때'라는 명사의 의미를 알고 있어도 지다가 [생성]의 의미로 사용된 것인지 [소멸]의 의미로 사용된 것인지 결정할 수 없기 때문에 이들의 의미를 결정하기 위해서는 더 큰 맥락을 검토해야만 가능하다. 이러한 문제는 꽃송이와 때라는 명사가 가지고 있는 속성과 동사 지다의 가능한 의미에 기인한 것이다. 이와 같은 해석의 문제는 단어의 의미 결정에 단계가 있다는 것을 보여주는 예이며 단어 결합과 문장 이상의 층위에서만 파악할 수 있는 의미가 존재한다는 것을 보여준다.

구체적인 문장들 속에서 위와 같은 해석을 다시 살펴보도록 하자.

ㄱ. 그동안 피고 지는 꽃송이를 센다면, 대체 몇 천 송이 몇 만 송

이 될 것일까.

ㄴ. 물기가 어느새 이불깃으로도 스며들어 흉하게 얼룩이 져 있
　　었다.

ㄷ. 원래 찬물에는 때가 잘 지지 않지만 한수에 빤다는 것은 그만
　　큼 정한 물을 의미하는 것이리라.

ㄹ. …서으로 들어가면서는 얽은 구멍 숭숭한 괴석(怪石)이 아치
　　(雅致) 있는 조원(造園)처럼 정저(汀渚)에 깔리다가, 그것이
　　거의 다할 만해서 잘록한 목장이가 지고, 동글우뚝한 일소도
　　(一小島)가 바로 소답스럽게 지상(池上)에 용기해 옹울한 임
　　상(林相)과 고아(古雅)한 석태(石態)로써 간두일척(竿頭一尺)
　　의 의장(意匠)을 보이었으며…

ㅁ. 풋울음을 낸 징을 다시 불에 달구어 다시 물에 담갔다가 표면에
　　나무 나이테같이 상사가 지도록 깎는다.

ㅂ. 얼룩이 져 버려라.

위 문장들 가운데 (ㄱ, ㄴ, ㄷ)은 '피고', '스며들어', '흉하게', '잘'과 같
은 선행 어휘들을 통해 의미를 추측할 수 있다. (ㄹ, ㅁ)처럼 '목장이가 지
다'나 '상사가 지다'라는 표현에서 '목장이'와 '상사'가 무엇을 뜻하는지
모를 때에도 문맥을 통해 그것들이 어떤 맥락으로 사용되고 있는지 추
론할 수 있도록 하며 이를 통해 우리는 가능한 의미를 부여할 수 있다.
하지만 모든 의미 결정이 문장 내 문맥을 통해서 결정될 수 있는 것은 아
니다. (ㅂ)의 경우는 충분한 문장 문맥이 주어지지 못하여 의미를 결정하
기 어렵다. 이때 '지다'를 해석하기 위해서는 더 큰 맥락으로서 앞선 문

장 혹은 실제 지시 상황에 대한 정보가 필요하다.

　이와 유사하게 '얼굴에 그늘이 지다'의 경우는 축자적인 표현과 비유적인 표현 두 가지 의미로 사용될 수 있는데 이러한 의미 또한 명사와 동사의 결합만으로 의미를 결정할 수 없는 의미가 되며 실제 지시 대상을 고려해서만 해석이 가능하다. 이처럼 실제 지시 대상에 대한 정보가 문맥 속에 주어지지 않는다면 우리는 의미를 명확히 결정하기 어려워진다.

　이러한 의미 해석의 방식들은 동사가 결정된 어떤 의미를 지니고 있지 않다는 우리의 생각을 뒷받침해 준다. 문맥을 통해 가능한 의미들을 추론한다는 것은 결국 우리가 단어에 대해 알고 있는 것이 가능성이라는 것을 보여준다. 만약 단어의 의미 정보가 가능성이라고 한다면 그것을 한정하여 기술하려는 시도는 결국 실패할 수밖에 없을 것이며 따라서 이제까지 많은 연구들이 노력해 왔던 의미 기술이 언제나 불충분할 수밖에 없었던 이유가 된다.

　다음의 예는 의미에 대한 해석이 비결정적일 뿐만 아니라 가변적이라는 사실을 보여준다.

　ㄱ. 소리가 지다.

　ㄴ. 아침이 부르는 소리 지지 않는 법인가 보다.

　ㄷ. 아침이 부르는 소리 지지 않는 법인가 보다. 그때 131번은 나
　　　의 인생을 내가 사랑하는 사람들로부터 분리시키려고 달려오
　　　는 전쟁시의 군용 트럭 같은 느낌이었다.

(ㄱ)문장에서 '지다'는 읽는 사람에 따라 [생성]으로 이해할 가능성이 있다. 하지만 (ㄴ)과 같은 문맥에서 지다는 [생성]이 아닌 [소멸]로 해석될 가능성이 더 높다. (ㄷ)에서 뒤 문장으로 이어지는 문맥은 [생성]과 [소멸]이라는 앞선 두 의미보다 [패배]의 의미에 더 가깝게 해석하도록 유도한다. 하지만 결과적으로 어느 하나의 확실한 의미라고 결정하기는 어렵다.

어떤 단어의 의미에 대해서 만약 전체적인 의미 해석에 결정적인 영향을 주지 않는다고 생각할 경우 해석하는 사람은 불확실한 의미를 어느 하나로 결정하지 않을 수 있으며 잠정적으로 부여했던 단어 의미에 대한 세부적 해석은 사라진다. 이와 마찬가지로 의사소통 과정에서 구성 부분들에 대한 해석이 점진적으로 이루어지지만 전체적인 맥락에서 세부적 해석이 유보되거나 가변적이라는 점은 해석의 각 층위에서 독립적이고 통합적인 의미가 결정된다는 점을 시사한다.

우리가 '지다'라는 동사에 대해 알고 있는 것은 어떤 동작이라는 것이며 그 동작은 전형적으로 아래로 이동하는 것, 무언가 생겨나는 것, 무엇을 뒤에 두는 것과 관련되어 있을 것이다. 하지만 동작과 관련된 우리의 지식은 그렇게 단순하지만은 않다. 동작은 동작을 일으키는 원인과 동작으로 인해 수반되는 결과 그리고 동작이 가능한 주체 혹은 대상의 다양한 속성들에 대한 정보를 가지고 있으며 의미는 수많은 정보들의 비교와 대조를 통해 결정된다. 그래서 만약 우리가 지시되는 대상의 특성에 대해 잘 알지 못한다면 의미를 결정할 수 없을 것이다.

동사 '지다'의 의미에 대한 설명은 형태와 문법적 정보를 통해 어느 정도 한정된다. 하지만 그것만으로는 한정할 수 없는 많은 예들이 존재하며 어떤 의미인지 결정할 수 없는 예들도 나타난다. 이러한 사용 양상은 우리가 의미를 어떠한 방식으로 파악하고 결정하는지에 대해 많은 것을 시사해준다.

　그럼에도 불구하고 동사의 의미는 사전에서 모호하고 추상적인 방식으로 기술된다. 그래서 만약 누군가 사전을 이용하여 동사의 의미를 파악하고자 한다면 동사 의미에 대한 설명이 아니라 함께 사용되는 명사의 의미들을 검토해야만 할 것이다. 그런데 여기서 발생하는 또 다른 문제는 사전에 기술되지 않은 의미들을 우리는 언제든지 만날 수 있다는 것이다. 예를 들어 '밀물이 지다' 같은 예는 어떻게 해석해야 할까. 만약 사전적 의미 정보에 의존한다면 표준국어대사전에 기술된 것처럼 [어떤 현상이나 상태가 이루어진] 것으로 의미를 해석하게 될 것이다. 그렇다면 모든 현상이나 상태에 대해 '지다'가 동일하게 해석되지 않는 이유는 무엇 때문인가 하는 의문이 든다. 사전에 기술되지 않은 의미인 '봄가을이 지다'를 같은 방식으로 처리한다면 봄가을은 현상이며 지다는 현상이나 상태에 대해 사용할 수 있으므로 봄가을이 지다는 [계절이 이루어져 나타나는] 것이라고 설명해야 할 것이다. 하지만 실제 사용 맥락은 [나타나는] 것이 아니라 [사라지는] 것처럼 보인다.

　　- 뜰 언덕에, 수많은 봄가을이 피었다 지고

　상태나 현상이 사라지거나 없어지는 의미는 '봄가을이 지다'처럼 계절이 지나가는 경우에도 사용된다. 이러한 사용에 대한 의미는 일반적인 추론 가능성이 높아 보인다. 이들을 비유적인 표현으로 보고 지나친

다중의미

다면 생성과 관련되어 추상적인 현상에 사용되는 예들은 모두 비유적일 수 있고 비유적이기 때문에 축자적이고 고정된 의미를 중심으로 하는 사전기술에서 다루기에 부적절하다. 결국 이는 고정적이고 일반적인 비유 방식에 의한 의미를 어떻게 구분할 수 있으며 또 어떻게 한정할 수 있는가 하는 문제로 귀결된다.

이러한 점에서 다음의 예들 또한 동사 '지다'의 의미로 사전에 기술되지 않고 있는 것이 이상하다.

- 그때 당신이 소장하고 있는 그림은 이길 것인가 질 것인가.
- 엄마의 목소리도 지지 않게 영악스러웠다.

이들은 〈표준국어대사전〉에서는 지다³, 〈연세한국어사전〉의 지다² 와 관련된 의미를 보이지만 주어 명사의 의미역이 경험주가 아니라 대상이라는 점에서 해석의 차이를 가져온다. 주어 의미역이 경험주인 경우는 패배의 의미로 해석할 수 있지만 이들 예는 대상의 특정 속성을 비교하여 우위를 가리는 것으로 해석된다는 점에서 차이가 있다. 그렇다면 〈표준국어대사전〉에서 상황에 따라 [내기나 시합, 싸움에서 지다]와 [요구에 대해 양보하거나 들어주다]라는 두 가지 의미로 구분하는 것보다 [비교]와 [패배]의 의미를 구분하는 것이 더 타당해 보인다.

이와는 달리 사용하지 않는 의미들의 기술 문제도 있다. 〈표준국어대사전〉에 지다¹ 항목인 '젖이 지다'나 지다² 04번 항목인 '태아가 지다'의 의미들이 기술된 이유는 역사적인 사용의 예를 인식했기 때문일 것이다. 하지만 적절한 예문을 함께 제시하지 못하는 것은 단지 가능성을 제시해 준 것에 지나지 않는다. 이처럼 공시적으로 사용될 가능성이 희박한데도 불구하고 과거에 사용된 의미들이기 때문에 사전 속에 기술된다면 현재 다양하게 사용되고 있는 의미들의 다른 가능성들이 기술되지 못하는 것과 형평성에서 문제가 된다.

ㄱ. 소리바람이 지는 가을이었다.
ㄴ. 몰이꾼들도 허기가 져 모두 흩어졌다는 것이다.

같은 현상에 속하는 것처럼 보이지만 '바람이 지다'와 '허기가 지다'는 서로 다른 유형에 속한다. 그래서 (ㄱ)은 현상이 생기는 의미인 반면 (ㄴ)은 신체 상태의 변화에 속하는 것으로 구분된다.

위에서 살펴본 지다의 다양한 사용의 예들은 가능성을 예측할 수 있지만 한정할 수 없다는 것을 보여준다. 또한 의미에 대한 이해는 선험적인 것이 아니라 경험적인 것이며 의미 파악은 결과를 통한 유추라는 것을 말해준다. 따라서 의미 해석은 사용된 양상을 통해 가능한 의미를 채워 넣는 방식에 지나지 않는다. 이는 역으로 우리가 의미를 표현할 때 가능한 의미를 형식에 채워 넣는 기반이 되는 것과 마찬가지이다.

● 명사의 의미 사용

이제 다시 명사 '머리'의 실제 의미 사용을 확인해 보자. 동사의 사용을 파악했던 것과 동일한 550만 어절 말뭉치 자료 속에서 명사 머리가 사용된 동사구를 추출하여 '머리'의 문장 성분을 정리한 결과는 다음과 같다.

다중의미

[표 3] 명사 '머리'의 문장 성분 사용 양상

종류	주어		목적어		부사어	
	빈도	상대비율	빈도	상대비율	빈도	상대비율
수치	78	0.717	745	0.342	240	0.462

명사 '머리'가 사용된 총 1,063개 문장을 추출하여 사용된 문장 성분에 따라 분류한 결과 주어는 78개, 목적어는 745개, 기타 부사어는 240개로 나타났다. 본동사와만 결합한 예는 주어 81개, 목적어 745개, 기타 240개로 총 1,066개 문장이었다.

동사 '지다'에서 살펴본 것과 마찬가지로 명사 '머리' 또한 다양한 방식으로 사용되며 동사의 의미 해석에서와 마찬가지 문제들이 제기된다. 특히 '에, 에서'는 장소, '로'는 장소와 도구로 해석을 하도록 유도한다는 점에서 문법적 결합 형식이 머리의 의미를 결정하는 데 중요한 요인이 될 수 있다는 점이 확인된다.

하지만 문장에 표현된 머리에 대해 실제 지시하는 대상물 이외에 확실하게 알 수 있는 것은 없다. 이는 의미 해석이 실체를 기반으로 한 추론 과정에 의해 나타나는 것이라고 볼 수 있는 근거가 된다. 머리의 다양한 의미는 머리라는 지시물에 대한 다양한 인식에 의해 구별되는 의미들을 드러낸다. 그리고 그러한 구분은 결합하는 서술어들을 통해 알 수 있다. '결합되다'를 통해 전체의 머리를, '닿다'를 통해 부분을, '구겨지다'와 '깨지다'를 통해 속성을, '나풀거리다'를 통해 머리카락이라는 머리의 일부를 의미한다는 것을 알 수 있게 되는 것처럼 말이다.

명사와 함께 사용되는 동사의 동작은 머리와 관련된 다양한 속성들 속에서 가능한 의미들을 추려낸다. 그래서 사전에 기술되어 있지 않은 머리의 다양한 부분과 속성들이 '구겨지다, 깨지다, 찌그러지다, 찢어지다'와 같은 동사들을 통해 드러나게 된다. 이와는 달리 '머리가 늙다'라는 표현은 머리를 머리카락으로 해석한 후 머리카락의 속성을 통해 의미를 파악해야 하는 더 복잡한 추론 과정을 거친다. 그래서 만약 아래 예문처럼 머리와 결합하여 사용된 동사의 의미를 모르는 경우에는 머리의 가능한 의미를 알고 있다고 해도 구체적으로 무엇인지 결정할 수 없게 된다.

> ﹣머리는 히사시까미하고 흰 저고리에 검정 통치마를 입고 뾰족
> 구두 신고 한도바꾸 든 신여성을 그리고 또 그렸다.

이 경우 의미에 대한 결정은 문장 혹은 발화를 따라 유보되며 이어지는 문장 속의 다양한 단어들을 통해 가능한 구체적 의미를 추정하게 된다. 그래서 우리는 히사시까미가 일제강점기 헤어스타일의 한 종류라는 것을 몰라도 이어지는 저고리, 통치마, 뾰족구두들과 같은 단어들을 통해 히사시까미가 외형 혹은 스타일을 의미한다는 것을 추론하게 된다.

이처럼 결합하는 상대 어휘는 해석 가능한 의미를 한정한다. 하지만 그것도 완전한 것은 아니며 다중적인 의미를 보이는 예들 또한 많다.

> ㄱ. 1층을 누르고 벽에 기대니 움직이는 신호와 함께 머리가 핑 돈다.
> ㄴ. 어떤 사람은 머리가 돌아 버리기도 했습니다.

'머리가 돌다'는 (ㄱ)처럼 실제적이고 구체적 부위인 머리로부터 추

다중의미

론된 의미와 (ㄴ)의 추상적인 의미로서 사고 과정으로 추론된 두 가지 의미를 보여준다. 사전적 의미로 생각한다면 신체의 일부인 머리의 동작으로 해석하는 것이 가장 기본적인 것이어야 하지만 이런 쓰임은 말뭉치에서 찾을 수 없었다.

이들 머리의 해석은 '돌다'의 해석과 함께 이루어진다. 하지만 두 어휘 요소 가운데 어느 것이 먼저 결정되고 상대방의 의미를 규정하는지는 알 수 없다. 따라서 '머리가 돌다'는 결합된 그 자체에서 의미가 파악된 것으로 보아야 설명이 가능하다. 그런데 '머리가 돌다'의 의미는 문장 속에서 결정되는 것처럼 보이지 않는다. 만약 문장만으로 의미가 결정된다면 문장이 하나의 의미로 해석되어야 할 텐데 그렇지 않고 다른 의미의 해석이 가능하기 때문이다. 이때 이들의 의미 해석은 문장 이상의 맥락 차원이 관여하는 것처럼 보인다. 두 문장의 상황을 다르게 설정할 때마다 '머리가 돌다'의 의미는 달라질 수 있다. 그래서 만약 상황 맥락을 설정하지 않는다면 의미를 해석할 수 없으며 실제 사용되는 의미를 설명할 수도 없게 된다.

'머리가 뒤떨어지다'와 같은 경우도 마찬가지이다. 두 단어의 결합만 놓고 생각한다면 우리는 머리를 지도자나, 지능, 또는 선두 등 상황에 따른 가능한 해석들로 상정하게 될 것이며 이들 중 가장 중심적이거나 기본적이라고 생각하는 의미는 사람마다 다를 것이다.

한편 특정한 상황에서 고정적으로 사용되는 동작은 그러한 상황을 의미할 수 있게 된다. '머리를 가로젓다, 개웃거리다, 갸우뚱거리다, 갸웃갸웃하다, 갸웃거리다, 갸웃하다' 등은 의심의 의미를, '머리를 꾸벅이다, 꾸벅하다, 꾸뻑하다' 등은 인사를, '머리를 끄덕거리다, 끄덕끄덕하다, 끄덕이다, 끄덕하다' 등은 긍정을 의미하는 것처럼 단순한 동작뿐만 아니라 그러한 동작과 전형적으로 연관된 다른 의미를 함께 드러낼 수 있다.

이처럼 명사의 의미를 구분하는 경우에서도 동사의 의미를 결정하는 것과 마찬가지로 명사의 구체적인 의미가 무엇인지는 상대 어휘에 의해 결정되며, 가능한 방식에 대한 추론을 통해 이루어진다.

> ㄱ. 독자의 취향도 머리가 앞서는 사람은 중수필을, 가슴이 앞서
> 는 사람은 경수필을 선호하게 될 것이다.
> ㄴ. 나도 지금 머리를 짜고 생각하고 있답니다.
> ㄷ. 조금만 머리를 짜내면 아이들에게 쉬우면서도 정성이 담긴
> 자기만의 카드를 만들도록 도와줄 수 있다.

그래서 머리에 대해 이성(ㄱ), 도구(ㄴ), 생각(ㄷ)과 같이 다양한 방식으로 사용되는 의미의 양상을 한정할 수 없게 된다. 이처럼 우리는 사용된 방식을 통해 가능한 의미들이 제한되는 것을 알 수 있으며 사용된 의미들을 통해 관계를 설명할 수밖에 없다.

실제로 사용되는 어휘들의 의미를 검토한 결과 어휘 의미는 상대적으로 파악되며 다중적 의미들과 연합되고 있다는 것과 함께 우리는 상대적인 관계를 통해 의미를 이해하고 가능한 의미들을 추론한다는 것을 알 수 있었다. 의미 해석은 가능한 의미들을 부여하는 것이며 우리가 알 수 있는 것은 사람들이 단어의 가능한 의미들을 선택한다는 것이었다. 가능한 의미들은 화자의 지식에 따라 달라지며 한정할 수 없다. 그래서

다중의미

우리는 사용되는 의미들을 파생시키거나 생성시키는 개념적 의미를 한정하여 기술할 수 없다.

분명한 것은 다양한 의미들이 관계를 가지고 있다는 것이며 따라서 관계가 어떻게 가능한지 그리고 어떤 관계가 형성되는지 살피는 것이 의미를 설명하는 방법이 될 수 있을 것이다. 또한 의미 해석에 다양한 지식들이 이용된다는 것은 의미론과 화용론을 구분할 수 없다는 것을 말해주며 언어적 구성단위들만을 이용한 의미 해석과 설명은 실제 언어의 사용과 이해에 대한 반쪽짜리 설명이 된다는 것을 보여준다.

이제까지 사전의 의미 기술과 어휘의 쓰임을 통해 의미를 파악하는 과정을 검토하면서 우리는 다음과 같은 사실을 알 수 있었다.

첫째, 단어의 의미 구분은 일차적으로 문법적 형태적 구분을 통해 이루어진다. 지시가 가능한 사건의 유형은 사용 양상을 통해 한정될 수 있다. 하지만 그것이 어떻게 한정될지에 대해서는 예측할 수 없다.

둘째, 동사의 의미는 명사의 가능한 동작에 제약을 받으며, 명사의 의미는 동사의 의미에 의해 한정된다. 앞에서 파악한 '지다'의 의미는 각기 선행 명사구들의 유형에 따라 분류한 것이며 '머리'의 의미는 서술어 결합 유형에 따라 분류한 것이다. 결국 상대적인 어휘의 속성에 의해 가능한 의미가 추론된다.

셋째, 구체적인 의미 해석은 문법적 형태와 결합 정보 이외에 실제 지시 대상, 상황에 대한 인식, 개인적인 지식과 같이 다양한 방식을 이용해야만 한다. 이는 의미 해석이 단순하게 이루어지지 않는다는 것을 보여준다. 그래서 의미에 대한 예상은 언제나 빗나가기 마련이며 의미는 화자나 청자가 알고 있는 지식에 따라 변화한다. 결국 의미 파악의 문제는 개별 언어 사용자가 그것에 대해 어떻게, 얼마나 알고 있는가의 문제로 귀결된다.

결과적으로 어휘의 의미를 파악하는 방식은 상대적인 방식으로 이루어지며 개념화된 고정된 의미를 통해 이루어지는 것이 아닌 그 반대의 방식으로 개념화가 이루어지는 것을 알 수 있었다. 의미 차이를 인식하고 이해하는 방식은 우리의 머릿속에 들어 있는 어휘의 의미가 사전에서처럼 몇 가지 각기 다른 동음이의어 항목들과 그 하위 항목으로 세분되는 한정된 의미들로 저장되어 있다고 보기 어렵다는 것을 암시해준다. 사전에서 어떤 의미를 기술하고, 어떤 의미를 기술하지 않는가 하는 것은 단지 선택의 문제가 될 뿐이다.

문장 구성 요소의 동등성

● 명사구의 중요성

결합적 의미 하면 동사구를 먼저 떠올리게 된다. 그것은 오랜 문법적 전통에 의한 것으로 문장 구조가 동사에 의해 지배된다는 생각 때문이었다. 구조적 측면에서 동사가 문장 구성에 핵심적인 역할을 한다는 것은 많은 연구를 통해 어느 정도 일반화된 것이다. 하지만 의미 통합 과정에서 동사는 다른 구성요소와 동등한 역할과 기능을 한다. 오히려 한국어 문장 생성의 관점에서 생각한다면 순차적 위치상 동사는 마지막에 나타난다. 그렇다면 의미의 생성은 동사로부터가 아니라 명사로부터 시작된다고 보아야 하지 않을까.

결합적 의미는 구성요소들이 가지는 의미들의 관계 속에서 파악된다. 따라서 결합적 의미를 파악하기 위해서는 구성요소들 간의 의미관계를 파악하는 것이 선행되어야 한다. 문장 단위의 연구에 있어서 최근의 국어 연구들은 구성요소들의 관계가 중시되면서 의미역이나 논항, 격에 대한 연구가 주류를 이루고 있다. 하지만 기존의 연구들은 의미관계를 설명하는 데 있어 서술어 혹은 동사를 중심으로 하는 것에 치우쳐 있었다. 동사를 중심으로 한 문장의미 설명은 형식주의로 대표되는 형식의미론과 생성의미론의 주된 방식이다.

동사를 문장의 가장 중심적인 요소로 생각하는 시각은 동사의 의미가 전체 문장의 의미를 지배한다고 본다. 그러나 문장 구성요소의 일부인 동사가 다른 구성요소들을 하위 범주화한다는 것 자체가 논리적인 모순이다. 이러한 관점은 격부여나 의미역할을 설명하는 데 있어서도 문제를 가져온다. 특히 영어에서는 전치사나 시제가 격을 부여하는 예가 있으며 서술어를 중심으로 한 논의에서 목적어나 주어의 실현을 설명하기 위해 서술어에 행위성, 의지성, 통제성 등의 다양한 자질들을 추가해야만 했다.[1] 이처럼 서술어를 중심으로 생각하는 경우에는 다양한 문장을 설명하기 위해서 서술어에 그만큼 많은 자질들을 추가할 수밖에 없게 된다.

언어의 의미는 단순한 구조에 따라 파악될 수 있는 것이 아니라는 점에서 형식주의적 사고에 대한 비판은 인지주의나 기능주의적 시각에서 다각도로 논의되었다. 최상진[2]은 문장의미를 파악하기 위해서는 구성요

---

1   김기혁(2001 : 83~98)

2   최상진(1999 : 21)

소 사이의 의미관계에 대해 심층적인 분석이 필요하다고 주장하면서 이들 의미 구조가 전체와 부분의 유기체적 관계 속에서 형성된다고 본다. 이처럼 문장 구성요소들의 유기적인 관계에 중점을 맞추어 전체적인 관점에서 문장 의미를 설명하는 것은 결합을 통해 다양하게 나타나는 의미들을 설명하는 데 중요하게 이용할 수 있다. 이러한 관점에서 하나의 문장은 의미적 사건의 표현으로 문장의 구성요소들은 동사가 아니라 결합을 통해 구성되는 더 큰 틀 속에서 각자의 역할을 수행하며 통합적 의미를 구현한다고 보는 것이 다양한 의미의 설명에 도움이 될 것이다.

● 논항 선택 명사구

의미 해석에 있어서 문장 요소들의 동등성은 문장의미 해석에 결정적 역할을 하는 명사구들을 찾을 수 있다는 점에서도 지지된다. 먼저 명사구의 지시성의 정도가 논항을 선택한다. 서술어에 의해 격이 표현되는 것이 아니라 명사구의 지시성의 정도가 논항을 선택하여 구체적으로 표현하게 만든다.

예를 들어 "서윤이는 이 중의 누군가가 도둑놈이라고 생각한다."는 어떤 사람이 도둑이라고 생각한다는 것일 뿐 특정인을 지시하지 않는다. 하지만 "서윤이는 이 중의 누군가를 도둑놈이라고 생각한다."는 특정인을 도둑으로 지시하는 표현이다. 한편 "?모든 사람이 천재를 서윤이라고 생각한다."는 "모든 사람이 천재는 서윤이라고 생각한다."와는 달리 특정인으로 해석되기 어렵기 때문에 어색해 보인다. 또 "서윤이는 서인이가 도인이라고 생각한다."는 서인이와 도인이가 동일한 인물이며, "서윤이는 서인이를 도인이라고 생각한다."는 서인이와 도인이가 다른 인물로 해석된다.

이러한 의미 차이를 단순히 심리서술어가 갖는 성격으로 보고 설명하기는 어렵다. 통사적인 기능만을 생각한다고 하더라도 조사 '가'와 '를'의 교체는 명사구가 갖는 지시성의 여부와 조사 자체가 갖는 의미적 특성의 결합 가능성에 따라 달라진다. 조사 '를' 표지를 달고 나올 수 있기 위해서는 지시성을 필요로 하는데 이는 명사구의 지시성 여부가 격 표지를 결정하는 예가 된다. 이처럼 조사 '가'와 '를'의 교체가 가능한 것은 서술어의 특성 때문이기도 하지만 그러한 교체가 실현되는 것은 명사구와 조사의 특성에 기인하며 문장의 의미를 파악하는 것 또한 이들 구성요소들의 통합적 분석에 의해 가능하다.

● 의미역할

명사구 자체가 갖는 의미적 특성이 문장의 의미 파악에 중요한 역할을 하는 경우는 의미역과 관련해서 다양하게 살필 수 있다. 의미역할이라는 명사구의 특성이 스스로 문장 성분의 실현 양상을 결정한다고 생각할 수 있기 때문이다. 유정성 명사는 행위주의 역할을 하며 주어로 온다거나 무정 명사는 대상 또는 도구의 역할을 통해 목적어나 부사어로 실현이 된다. 이는 주어나 목적어로 올 수 있는 명사구의 의미적 특성이 문장 실현에서 중요한 역할을 한다는 것을 시사한다.

행위주, 대상, 도구 등등의 의미역할이 명사구의 의미 특성에 따라 결정되는 것뿐만 아니라 격 자체도 이러한 특성과 밀접한 관계를 갖는다. 행위주가 주격으로 대상이 대격이나 도구격으로 해석이 강요되는 것은 이러한 설명을 뒷받침해 준다. 대격 특성이나 주격 특성이라 말하는 명사구의 자질 설정이 명사구 역할의 중요성을 보여주는 것이다. 그래서 명사구에 대한 해석에 따라 그 의미역할이 결정되며 문장의 의미를 파악하는 데 결정적 역할을 하게 된다.

예를 들어 "서윤이가 간다."처럼 서술어의 동작이 가능한 주어가 상정되는 경우 문제가 없지만 "?밥이 간다.'의 '밥'은 주체적 동작을 상정하기 어렵기 때문에 축자적으로 해석이 되지 않는다. 동일한 대상이지만 '밥'과는 달리 "시계가 간다."에서 '시계'는 실제 이동하는 대상이므로 자연스럽게 해석된다. 마찬가지로 "바람이 나뭇잎을 흔들었다."에서 '바람'도 주체적 동작을 상정할 수 있다. 하지만 이들은 특정한 동작에만 한정되므로 "?바람이 나뭇잎을 먹었다."와 같이 불가능한 동작으로 사용되는 경우 의미 해석이 어려워진다.

사실 의미역할이라는 개념 자체가 전체적인 사태 속에서 파악되는 개념인데 필모어[3]는 격은 사람들이 자기 주변에서 일어나고 있는 일들에 관해 내릴 수 있는 판단의 일정한 형을 나타내는 보편적이고 생득적인 개념의 집합으로 되어 있다고 하면서 동사는 문장이 제공하는 격환경(격틀)에 의해 선택된다고 말한다.

이는 동사 또한 다른 어휘들과 마찬가지로 더 큰 구조 속에 선택된다는 것을 말한다. 문장이라는 것이 하나의 완전한 생각이라고 한다면 곧 세상에 대한 인식이라고 할 수 있을 것이다. 그리고 문장이라는 전체적 틀 속에 명사와 동사 그리고 그들의 관계를 보여주는 문법요소들이 선택될 것이다. 이 속에서 의미역할이라는 것은 단순히 서술어에 의해 주

---

3   Fillmore(1968/1987 : 27)

어진 것이 아니라 더 큰 상위 구조 속에서 결정된다.

● 서술성 명사

서술 기능을 하는 것이 단지 동사만이 아니라는 사실도 동사 중심의 설명 방법에 이의를 제기한다. 밥과 같은 일반 명사와는 달리 사랑이나 공부와 같은 사건 명사들은 대부분 서술 대용이 가능하며 관형형 수식뿐만 아니라 부사의 수식도 가능하다. 이때 수식에 따른 명사의 의미 해석은 차이를 보여준다. 예를 들어 "서윤이가 공부를 하였다."가 "서윤이가 영어를 공부를 하였다."나 "서윤이가 그것을 공부를 하였다."처럼 하위 명세화될 수 있는 것처럼 "서윤이가 많은 공부를 하였다."는 다양한 종류의 공부를 했다는 것을 보여준다. 이와는 달리 사건 자체로 해석되는 경우는 "서윤이가 많이 공부를 하였다."처럼 부사 수식을 통해 시간의 양을 보여줄 수 있다.

그러나 "?서윤이가 많은 축구를 했다.'처럼 구체적인 하위 유형에 속하는 명사의 경우는 하위 명세화가 불가능하므로 관형형 수식이 어려워진다. 이러한 차이는 총칭적 해석과 특칭적 해석의 차이에서 비롯된 것으로 보인다. 보통 서술성 명사로 파악되는 것은 특칭적으로 해석될 때이며 총칭적으로 해석되는 경우에는 일반명사로 해석된다.

이러한 명사구의 차이에 따라서 서술성 명사와 함께 사용되는 하다의 성격도 달라진다. 서술성 명사로 파악되는 경우 하다는 실질적 의미가 퇴색된 기능동사의 성격을 갖게 되며 일반 명사인 경우에는 어휘적 의미를 갖는 동사 본연의 성격을 갖게 된다. 이는 명사 자체의 범주적 성격과도 관련이 되어 있는데 하위 범주화의 가능 여부에 따라 해석이 달라지게 된다. 하위 범주화가 불가능한 경우에는 특칭적 해석만 가능하며 서술 기능을 하기 때문에 관형어의 수식을 받는 것이 어색하다.

● 동사구 생략과 존재 인식
한편 동사구 생략은 명사에 의해 복원 가능할 때에만 가능하다.

가 : 어디 가니?
나 : 집.
가 : 뭐 먹니?
나 : 빵.

위의 대화문에서 명사만으로 대답이 이루어진 경우 청자는 명사만으로 전체 문장을 추정할 수 있다. 이처럼 명사에 의해 동사가 복원될 수 있다는 것은 곧 문장 성분 구성의 상호 선택성을 보여주는 중요한 예라고 할 수 있을 것이다. 또한 동사가 문장 구성의 중심적 역할을 차지한다고 본다면 "서윤이는 국을, 떡을, 밥을 먹었다."나 "서윤이는 상민이를, 서인이는 다빈이를 때렸다."처럼 문장 구성의 핵인 동사가 생략되는 것을 설명하기가 어려워진다.

명사와 동사가 문장 구성에서 동등한 역할을 한다고 보아야 하는 근본적인 이유는 존재와 인식에 있다. 존재 인식의 차원에서 우리는 개체를 먼저 인식한다. 아리스토텔레스나 플라톤과 같은 고대 철학자로부터 철학의 주된 관심사는 개체에 있었다. 고대의 철학 체계에서는 "이것이 무엇인가?"라는 물음이 중요했다. 예를 들어 한 마리의 새가 있을 때 전통적인 질문은 "이것이 무엇인가?"라는 질문에서 시작한다. 이에 대한 답으로 "이것은 동물이다.", "이것은 날개가 달려있다.", "이것은 부리가 있다."와 같은 대답을 할 수 있다. 질문에 대한 답은 그 사물이 가진 특성으로 "하늘을 난다.", "벌레를 먹는다.", "알을 낳는다." 등 대상의 성질들이 논리적으로 내포되며 그들의 운동이 연역될 수 있게 된다. 이러한 점에서 전통적 철학은 사물의 과학이었으며 움직임은 개체에 포함된 성질일 뿐이었다. 인식론적으로 사물의 인식이 먼저 이루어지게 되며 그 사물은 성질에 따라 특성화가 이루어지고 움직임은 존재에 수반하여 발생하는 것으로 존재 차원에서 부차적인 것이 된다.

어원적으로도 명사가 발생한 이후에 동사가 생겨났다. 김지형[4]은 서정범[5]의 어원 연구에서 어휘 발생의 순서를 살피면서 '신→신다, 띠→띠다'와 같은 예에서 볼 수 있듯이 동사와 형용사의 어간이 명사에서 전성된 것으로 보아 조어 시대에는 오늘날 명사라고 하는 어휘가 동사적 기능도 함께 지녔었다고 하는 사실을 보여주는 것이라는 말을 인용하면서 서술어가 명사에서 동사와 형용사가 파생됨으로써 나타났다는 점을 지적한다. 이렇게 명사 형태에서 파생한 동사 형용사가 서술어로 기능하게 됨으로써 초기의 문장 형태가 등장하게 된다. 이때의 동사와 형용사는 이미 자체적으로 그 명사를 함의하는 것이기 때문에 목적어나 주어는 문장에서 부차적으로 될 수 있다. 또한 언어 습득의 순서에서도 명사를 먼저 습득한다. 어린아이들의 언어습득 단계에서 가장 먼저 습득하

---

4   김지형(1999 : 18)

5   서정범(1989/1996 : 22~28)

는 단어는 다름 아닌 명사이다.

　의미 통합에 있어서 구성요소들은 동등한 차원에서 역할을 하며 서로가 상대를 규정하는 기준이 된다. 따라서 의미 해석에 있어서 구성요소 중 어느 하나가 상대를 포섭하거나 상대를 지배하는 방식의 설명보다 개별 구성요소들을 동등한 차원에 놓고 상대적인 의미를 고려하는 것이 적절할 것이다.

04 다중의미의
개념과 성격

다중의미의 개념

● 다의, 동음이의, 관용의미

다중의미는 동일한 어휘 형태에 다양한 의미들이 연합되어 쓰이는 것을 말한다. 일반적으로 동일한 어휘 형태가 다양한 의미로 사용되는 양상은 다의라는 용어로 지칭되었다. 하지만 다의라는 명칭은 동음이의 와 변이의미의 구분에 의해 규정되는 용어로서 변이의미와 동음이의를 포함하는 다양한 의미 양상을 포괄적으로 사용할 수 있는 용어로 사용 하기에 부적절하다. 따라서 이곳에서는 변이의미, 다의, 동음이의로 다루었던 다양한 의미적 양상을 다중의미로 놓고 함께 논의할 것이다.

일반적으로 다의는 하나의 형태에 관련성이 있는 둘 이상의 의미가 연합된 것이라고 말한다. 그리고 형태는 같지만 그 의미들이 서로 관련성이 없는 것을 동음이의라고 부른다. 기준만 놓고 보면 분명할 것 같다. 그런데 동음이의와 다의의 경계를 명확히 결정하는 것은 생각보다 어렵다. 동일한 형태에 연합하는 다양한 의미들은 서로 관련을 맺는데 관련성의 정도가 화자에 따라 다르게 판단될 수 있기 때문이다.

단어가 중의적인 경우는 동음이의관계이거나 다의관계일 수 있다고 하면서 이 둘의 구분은 의미 사이에 관련성이 있느냐 없느냐에 따른다고 했는데 실제로 이러한 관련성에 대한 명백한 구분은 없다.[1] 예를 들어 다리는 '脚'과 '橋'의 의미를 갖는 동음이의어로 분류되지만 화자에 따라 두 의미가 관련성이 있다고 판단할 수 있다. 둘 모두 무언가를 지탱하고 있으며 양 끝점을 갖는다는 점과 같은 공통성을 얼마든지 찾을 수 있기 때문이다.

이러한 문제는 추상적인 관련성을 찾아내는 인간의 창조적 능력 때문에 발생한다. 사람들은 완전히 달라 보이는 것에서도 관련성은 얼마든지 찾아낼 수 있다. 통시적인 형태변화로 인해 구분되는 여름(夏)과 여름(實) 같은 경우 민간어원에서 양자 간의 의미적 관련성을 부여하며 먹는 배와 신체의 일부인 배에서도 모두 둥근 부분이 있고 색깔이 비슷하다는 공통점을 찾아낼 수 있다.[2]

---

1   Cruse(2000/2002 : 185-222)

2   임지룡(1992 : 215)

다의어와 동음이의어의 구별 기준은 대표적으로 어원과 의미적 유연성이었다. 어원을 기준으로 삼는 경우 해당 단어의 역사적인 어원 정보를 언어 사용자가 알고 있어야 한다는 것이 전제된다. 외국인들에게 있어서 음운론적 이형태들이 동음이의어로 인식된다는 것 또한 이와 맥락을 같이 한다. 하지만 대부분의 경우 일반적인 언어 사용자는 어원에 대한 의식이 뚜렷하지 않으며 개인마다 그 의식 또한 다를 수 있다. 심지어 전문가에게 있어서도 정확한 어원을 밝히기란 쉬운 일이 아니다.

또 어원이 같더라도 의미 변화가 커서 현재 완전히 다른 의미가 되어 버린 경우, 어원은 다르지만 형태가 같아지고 의미까지 유사해진 경우에는 어떻게 처리할 수 있는가의 문제도 발생한다. 단순히 역사적인 기준에 의해 전자는 다의어로, 후자는 동음이의어로 처리하기는 어렵다. 특히 우리나라의 많은 어휘가 한자어를 이용하고 있기 때문에 한자로 된 동음이의어들이 문제가 될 수 있다. 한자어는 분명히 구분된다고 생각하지만 한자 세대가 아닌 경우 한자어에 대한 구분은 어원에 대한 구분과 유사하다.

이로 인해 둘 사이의 구분은 모국어 언어 사용자들의 직관이 가장 중요한 구분 기준이 된다. 이러한 구분 기준은 현재 가장 일반적으로 사용되는 방식으로 보인다. 하지만 의미적 유연성에 있어서도 구분의 기준으로 삼기에는 주관적이고 모호한 것이 많다.

이와는 반대로 관용적 사용과 비유적 표현들은 의미적 유연성을 상정할 수 있지만, 그 의미와 사용이 완전히 달라져 동음이의어처럼 생각할 수 있다.

ㄱ. 손이 크다.

ㄴ. 발이 넓다.

관용적 의미인 (ㄱ)의 '씀씀이가 크고 후하다'나 (ㄴ)의 '사귀어 아는 사람이 많아 활동하는 범위가 넓다'라는 의미는 '손'이나 '크다' 또는 '발'과 '넓다'라는 개별 어휘 속에서는 전혀 찾을 수 없는 것으로 축자적인 의미의 '손이 크다'나 '발이 넓다'라는 의미와는 완전히 다르다. 그래서 이들 의미는 '손'이나 '발' 또는 '크다'나 '작다' 어디에도 기술되기 어렵다. 관용의미는 두 단어가 결합하여 통합적으로 드러내는 의미이기 때문이다. 이처럼 특정한 구성 전체가 특정한 맥락 속에서만 특정한 의미로 인식된다는 점에서 이들은 독립적 의미로 구분되어야 한다.

이러한 의미적 특성을 고려하여 두 어휘 요소의 의미 사이에 존재하는 특징적인 공통 성분인 의미 가교[3]를 설정하여 두 의미가 의미 가교에 의해 직·간접적으로 관련성을 맺으면 다의어로 그렇지 않으면 동음어로 처리하는 방식을 고려할 수 있다. 이러한 방식은 의미 구분에 대해 어느 정도 구체적인 기준을 제시하고는 있지만 결국 궁극적인 구분은 개인의 직관에 따른다는 점에서 의미 유연성에 따른 구분의 한계를 벗어나지 못한다.

이처럼 다의어와 동음이의어를 구분하는 것은 쉽지 않다. 가장 중요한 기준으로 제시되는 어원은 통시적인 과정으로서 밝히기 어려우며 설사 어원을 밝힌다 해도 전문적인 지식에 속하므로 대중들의 인식에 부합하지 않아 의미 구분의 기준으로 삼기에 문제가 있었다. 의미적 유연

---

3   Mel'čuk(1998), 홍재성 외(2001 : 79)

                            다중의미

성 또한 직관적이라는 점에서 설명의 객관성을 확보하지 못하는 경우가 많았다.

그래서 현대 의미론에서는 다의어와 동음이의어를 분리된 개념으로 파악하지 않고 하나로 통합하여 설명하려는 경향이 강하다. 다의를 한 형태에 관련이 있는 다른 의미가 사상되는 것으로 정의할 때 다른 의미는 동음이의와 변별력을 없애 버리기 때문이다. 특히 인지 의미론에서는 다의어를 최대화하는 관점에서 어휘 의미 연구에 접근한다. 그 이유는 다의 현상이 인간 사고의 창조적 특성을 가장 잘 보여주는 예이기 때문이다. 자연언어에 대한 기계 번역이나 전산처리에서도 이 둘을 구분하여 다루지 않는다. 의미가 다르다면 모두 구별하여 처리해야 하기 때문이다. 이러한 점에서 하나의 형태가 다양한 의미와 연합하는 예들을 모두 일반적인 다중의미 현상으로 보고 설명하는 것이 다의어와 동음어의 자의적인 구분을 피하고 현상에 대해 총체적으로 설명할 수 있는 방법이 될 수 있을 것이다.

● 변이의미와 다의

다중의미와 관련하여 한 의미가 구분되는 것인지 아닌지에 대한 판단은 일반적으로 모호성(vagueness)과 중의성(ambiguity)이라는 개념을 토대로 이루어졌다.

ㄱ. 서인이는 친구를 사랑한다.
ㄴ. 서윤이 친구 가방끈이 길다.
ㄷ. 배가 크다.

일반적인 경우 (ㄱ)의 '친구'를 두고 그 친구가 여자인지 남자인지에 대해서 구분하는 것이 의미가 없을 수 있다. 하지만 '친구'가 자신과 가깝고 오랜 시간 함께 알아온 사이가 아니라 단순히 아는 사람을 지칭하는 경우라면 '남자이기 때문에'라거나 '여자이기 때문에'라는 주어진 특정한 상황에 따라 의미 구별이 필요할 수도 있다. 이와 유사하게 (ㄴ)의 '가방끈'은 그것이 사물의 부분을 지칭하는지 아니면 비유적인 표현인지에 따라 중의성이 발생한다. (ㄷ)의 '배'도 그것이 지시하는 대상이 먹는 것인지, 타는 것인지의 구분에 따라 의미가 완전히 달라질 것이다. 하지만 (ㄴ)과 (ㄷ)은 모두 색이나, 상태, 속성들과 관련된 구분은 드러나지 않는다. 이러한 차이로 인해 (ㄱ)은 중의성이 없는 단순한 모호성이며 (ㄴ, ㄷ)은 맥락에 따라 중의성과 모호성이 결정되는 예가 된다. 그리고 (ㄴ, ㄷ)처럼 중의성이 나타나는 경우는 구분되는 의미이며 (ㄱ)처럼 중의성이 아니라 모호성인 경우는 구분되지 않는 하나의 의미가 변이의미로 나타난 것으로 파악한다.

위의 예에서 소개한 것처럼 모호성과 중의성을 구분하는 중의성 검사는 한 의미가 맥락적 변이의미인지 아니면 구분되는 다른 의미로 확립된 것인지를 결정하는 기준으로 사용된다. 이중 용언의 의미 구분 테스트로 사용되는 액어법(zeugma) 테스트는 두 의미를 갖는 문맥을 하나의 문장 속에 결합시킬 때 두 의미의 병치가 어색한 액어법을 발생시키면 별개의 의미로 구분하는 것이다. 하지만 이 테스트를 통해서도 구분되는 의미인지 아닌지 명확하게 시험할 수 없는 문제가 발생한다.

ㄱ. ?서윤이는 귀와 밥을 먹었다.

ㄴ. ?서인이는 욕과 뇌물을 먹었다.

ㄷ. ?서윤이는 밥과 욕을 먹었다.

ㄹ. 서인이는 밥과 뇌물을 먹었다.

ㅁ. 서윤이는 밥과 연기를 먹었다.

ㅂ. 서인이는 밥과 물을 먹었다.

(ㄱ)은 관용적 의미인 '귀를 먹다'와 축자적 의미인 '밥을 먹다'라는 각기 다른 두 의미의 병치로 인해 액어법이 발생한다. (ㄴ)의 '욕'과 '뇌물', (ㄷ)의 '밥'과 '욕' 또한 액어법이 발생하는 것처럼 보이지만 (ㄹ, ㅁ)은 액어법이 발생하지 않는 것처럼 보이며 (ㅂ)은 두 연결이 액어법 없이 완전히 자연스러워 보인다.

ㄱ. 서윤이와 서인이는 슬프다.

ㄴ. ?서윤이와 인생이 슬프다.

또 다른 예로 (ㄱ)은 괜찮지만 (ㄴ)의 경우는 이상하다. '서윤이'는 경험주이며 '인생'은 대상이므로 이 둘을 병치시키는 의미는 액어법을 낳는 것처럼 보인다. 사실 이러한 구분은 해당 표현을 보는 사람에 따라 이견을 가질 수 있다. 누군가는 앞서 병치가 가능하다고 본 예들이 모두 이상하다고 판단할 수 있고 이상하다고 한 예들을 자연스럽게 받아들일 수도 있다. 검증자가 의도적으로 두 의미를 구분하려고 하면 액어법이 발생하며 굳이 구분하지 않으려고 한다면 액어법이 발생하지 않기 때문이다.

의미 구분의 방법으로 알려진 대용어를 이용하여 한 문장 내에서 각각 다른 의미로 해석이 가능한가의 여부를 고려하는 교차해석 테스트 (crossed readings)도 마찬가지 문제를 보여준다.

　ㄱ. ?서윤이는 귀를 먹었고 서인이는 밥을 그랬다.

　ㄴ. ?서윤이는 욕을 먹었고 서인이는 뇌물을 그랬다.

　ㄷ. ?서윤이는 밥을 먹었고 서인이는 욕을 그랬다.

　ㄹ. ?서윤이는 밥을 먹었고 서인이는 뇌물을 그랬다.

　ㅁ. ?서윤이는 밥을 먹었고 서인이는 연기를 그랬다.

　ㅂ. ?서윤이는 밥을 먹었고 서인이는 물을 그랬다.

　ㅅ. 서윤이는 밥을 먹었고 서인이는 빵을 그랬다.

앞의 의미와 동일한 의미로 뒤의 의미가 해석되는지 확인한다는 점에서 교차해석 테스트가 액어법 테스트에 비해 해석에 있어서 더 명확해 보일 수 있다. 다만 이러한 명확성으로 인해 (ㄹ)과 (ㅁ), 심지어 (ㅂ)처럼 액어법에서 가능할 것 같다고 판단한 예조차 엄격하게 차이가 있다고 해석할 수 있다. 또한 교차해석은 순서를 바꾸는 것에 따라 다른 결과를 가져오기도 한다.

　ㄱ. 서윤이는 갈비를 구웠고 서인이는 벽돌을 그랬다.

　ㄴ. ?서윤이는 벽돌을 구웠고 서인이는 갈비를 그랬다.

　ㄷ. ?서윤이는 갈비와 벽돌을 구웠다.

교차해석 테스트에서 (ㄱ)은 둘 모두 '행위'라는 하나의 의미로 해석될 수 있다. 그런데 동사 '굽다'는 행위동사와 완성동사 두 부류로 사용이 가능하기 때문에 (ㄴ)과 같이 앞선 굽다가 '완성'으로 먼저 해석되는 경우 후행 동사의 의미를 '행위'로 해석하는 것에 문제가 발생한다. 그리고 (ㄷ)은 '갈비'와 '벽돌'을 같이 '구웠다'는 의미로 해석되는 것이 가능하더라도 정상적인 행위로 인식되지 않는다.

위에 소개한 의미 검증 테스트는 불명확한 예들을 명확히 풀어주기 위해 만든 것이다. 하지만 대부분의 테스트들은 완전한 조건에서는 분명하게 적용되지만 직관적으로 파악하기 불분명하여 테스트의 도움이 필요할 경우에는 테스트 자체도 불명확해진다는 문제가 있다. 이는 테스트가 직관을 이용한 검증 방법이기 때문에 생기는 당연한 귀결이다.

또 다른 문제는 이러한 테스트는 동일한 통사환경을 갖는 경우에만 적용할 수 있다는 것이다. 그래서 단어가 사용에 따라 다른 통사환경을 가질 수 있을 때는 기준을 적용하지 못한다. 특히 자타양용동사와 같은 경우 이를 다른 두 단어로 보는 것이 타당한지에 대한 문제가 제기될 수 있다. 자타동의 구분은 문법적으로는 기능상 차이가 있지만 그것만으로 의미적 분리성이 충분히 있다고 말하기 어렵기 때문이다.

ㄱ. *나는 종을 울렸고, 종도 그랬다.
ㄴ. *나는 밥을 먹었고 종이는 기름이 그랬다.

동사 '울리다'는 문법적으로 자동사로도 타동사로도 사용될 수 있다. 그래서 '종을 울리다'와 '종이 울리다' 모두 가능하다. 동사 '먹다' 또한 자동사로 사용될 수 있는 의미가 존재하기 때문에 타동사와 자동사를 대용어를 이용하여 한 문장으로 구성하는 경우 교차해석이 불가능하여 매우 이상한 표현이 되어 버린다.

이처럼 의미를 구분하는 데 확실한 결과를 주는 테스트는 없으며 모든 테스트들은 적용이 되는 경우와 안 되는 경우 모두 자의적 판단에 의존한다는 점에서 불완전하다. 그래서 이와 같은 검증 방법은 중의성 검증이라기보다는 단어 의미의 불연속성을 검증하는 것[4]처럼 보이기도 하는데 검증 기준 적용의 다양성은 오히려 의미가 연속선상에 존재한다는 증거로 볼 수 있다.[5]

실제로 이러한 예들 중에는 구분되는 의미인지 아닌지 결정하기 어려운 경우가 많아서 논란이 된다. 예를 들어 "그는 어제 산 두 물건을 저울질해 보았다."[6]라는 문장은 국면이라는 부분을 확대해석한 것으로 보이는 다중해석의 예로서 '저울질하다'로 인한 어휘적 중의성이 발생한다. 이와 유사하게 수많은 자동하위어(autohyponymous)들이 검증 기준으로 구분하기 어려운 예들로 제시되었으며 이들을 변이의미도 다의도 아닌 중간적 단계에 속하는 국면(facet)으로 보아야 한다고 제안되었다.[7]

이들은 동일성 제약, 독립적 진리조건, 독립적 의의 관계, 포함 구문에서의 중의성, 독립된 은유적 확장, 독립적 고유명사 등을 통해 구분될 수 있다는 점에서 불연속적으로 확립된 의미로 볼 수 있지만 상호 배척

---

4   Cruse(2000/2002 : 187-191)

5   임지룡(1996)

6   이병근 · 박진호(2000 : 166)

7   Cruse(1995)

다중의미

성을 갖지 않는다. 그래서 이러한 예들은 구별되는 의미이지만 상호 배타적이지 않은 불연속적 의미로서 국면과 원근화법으로 다루기도 한다.[8]

여기서 국면은 구체적 형태와 내용을 가진 모든 명사류에 적용되며 이와는 달리 원근화법은 지각적으로 구분되지만 개념적 통일체로 인식하는 것으로서 예들 들면 부분으로 전체 보기, 다른 종과 대조하여 특정 종으로 보기, 특정 기능, 기원, 하위 의미 등으로 구분된다. 하지만 이들은 생성어휘론[9]에서 제시하는 것처럼 어휘 자체가 가지고 있는 특수한 의미가 아니며 의미 구분의 연속선상에 중간적으로 존재하는 의미로 모두 맥락에 의해 설정되는 의미 층위의 한 예에 지나지 않는다. 이는 이들 의미들이 문화적 배경과 상황 맥락에 따라 다르게 나타난다는 점에서 예증된다.

의미 구분 테스트 대부분이 불분명하다는 사실은 동음성과 다의성, 혹은 맥락적 변이의미와 다의 구분이 정말 중요한지에 대한 의문을 제기하는 것과 동시에 다중의미의 층위가 다를 수 있다는 것을 알려준다. 다의(polysemy)와 변이의미(allosemy)를 다의테스트를 통해 구분하려는 노력은 어느 정도 가능하지만 많은 예들에 있어서 불가능한 경우가 많다. 결국 문맥적 변이의미가 어느 지점에서 끝나고 다른 의미가 시작되는지를 쫓아 다의적 단어들의 구분 방법을 찾는 것은 의미적 관련이 없다는 것을 보여주는 노력이 될 뿐이며 그 또한 명확하지 않다. 의미에 있어서 정말 중요한 것은 화자가 적절한 사용법을 배우고 사용한다

---

8   Cruse(2000/2002 : 202-209)

9   Pustejovsky(1995) 등

는 점이다. 그렇다면 우리는 언어 사용자가 어떻게 의미들을 자유롭게 사용할 수 있는지를 찾는 것에 집중해야 할 것이다.

● 다중의미의 연속적 층위

앞선 논의에서 우리는 다양한 의미 구분과 검증 방식[10]이 의미 변별 보다는 다중의미들의 연속성을 보여주는 것이라는 점을 지적했다. 이에 따라 다중의미를 구성하는 연속적 의미 차원들을 의미 경계에 대한 논의[11]를 통해 검토해 보기로 하겠다.

완전히 구분되는 다른 의미의 구분은 자립성(autonomy)을 통해 이루어진다. 여기서 말하는 자립성이란 어떤 의미 단위가 동일한 맥락에서 해석될 수도 있는 다른 의미 단위와 무관하게 행동할 수 있는 능력을 의미한다.[12] 따라서 자립성을 가지고 있다면 다른 두 의미라고 할 수 있을 것이다. 이러한 자립성은 배척성, 관계적 자립성, 결합적 자립성으로 구분하여 살펴 볼 수 있다.

동음이의로 구분되는 의미 유형의 가장 중요한 구분은 배척성(anta-gonism)이다. 이는 두 개의 의미가 상호 배타적이라는 것을 의미하며 배척성을 가진 두 의미는 해석에 있어서 동일하게 경쟁한다. 그래서 만약 한 의미가 결정되면 다른 의미는 배제된다. 예를 들어 "못(針, 池)이 너무 크다."와 같이 두 가지 해석이 가능한 표현에서 '못'의 의미가 '못(針)'이라는 의미로 결정되면 연못(池)이라는 의미는 배제되며 반대도 마찬가

---

10   Cruse(2000/2002 : 187-191)

11   Croft & Cruse(2004/2010 : 189-242)

12   Croft & Cruse(2004/2010 : 194)

다중의미

지이다. 이처럼 서로 다른 의미가 배제될 수밖에 없는 이유는 두 의미가 서로 관련성이 없이 완전히 다르다는 인식 때문이다. 이들은 서로 각기 다른 지시 범주를 가지고 있으며 개념적으로도 상이하다. 구분되는 두 의미는 또한 완전히 다른 별개의 어휘관계를 구성하게 된다. 그래서 못(針)은 대못, 쇠못 등을 하위어로 두는 도구와 관련된 어휘장에 속하지만 이와 다른 못(池)은 호수, 연못, 저수지로 구분되는 물의 종류 혹은 장소와 관련된 어휘장에 속하게 된다.

의미 차이는 사용의 차이를 가져온다. 이는 결합관계의 차이를 발생시키며 결합 양상의 차이는 중요한 의미 구분의 기준이 된다. 앞서 예를 든 못(針)은 '박다'나 '빼다'와 같은 동사와 결합하며 쇠못, 나무못처럼 못(針)의 속성을 나타내는 명사와 결합한다. 이때 못(池)의 의미는 배제된다. 마찬가지로 '못을 파다'나 '못에 빠지다'와 같은 결합은 못(針)의 의미를 배제할 것이다.

이처럼 완전히 구분되는 두 의미는 배타적이다. 이들은 서로 다른 영역의 범위에 속하고 다른 존재론적 유형이 된다. 그래서 두 의미 사이의 거리는 멀어지게 된다. 이와 유사하게 관용의미 또한 다른 의미들과 현저한 차이를 보인다. "그 친구는 손이 너무 크다."라는 표현은 축자적인 의미와 관용적 의미를 동시에 드러낸다. 구체적인 신체의 일부인 손과 추상적인 어떤 씀씀이를 의미하는 손이라는 두 의미는 완전히 다른 의미 영역에 속하며 개념상으로도 다르다. 구체적 손이 신체와 관련된 어휘장에 속하는 것과는 달리 추상적인 손은 사용 방법이나 소비라는 사건과 관련된 어휘장에 속한다. 그래서 전자가 손목, 손가락, 손등, 손바닥 등으로 구분되는 관계를 갖는 반면 후자는 '씀씀이가 크다'는 표현과 동의적인 표현으로 이용된다. 또한 관용의미는 한정된 결합을 통해서만 사용되며 특정한 상황 맥락에서만 이해된다는 점에서 일반적인 맥락에서 이해되는 다른 의미들과 차이를 가진다. 하지만 구체적인 손을 사용하여 일을 하는 방법이라는 축자적 의미와 일정한 관련성을 상정할 수 있다는 점에서 의미적 관련성을 상정할 수 없는 동음이의와는 성격이 다르다.

다의로 구분하는 의미들 또한 어느 정도 배타성을 보여준다. "이 팀은 머리가 너무 크다."라고 할 때 '머리'는 팀원들의 신체 부위를 지시할 수도 있으며 팀의 책임자를 의미할 수도 있다. 이 두 의미는 가슴, 배와 같이 신체의 부분을 구성하는 신체 어휘장과 팀장과 팀원으로 구성되는 사회조직의 어휘장이라는 서로 다른 독립된 어휘관계를 형성하며 외적 지시범주에 있어서도 차이를 가지고 있다. 그래서 두 의미는 '머리를 감다'나 '머리를 깎다', '머리를 바꾸다' 또는 '머리를 없애다'처럼 의미에 따라 각기 전혀 다른 결합관계로 사용된다.

하지만 위의 두 의미는 서로 밀접하게 관련이 되어 있으며 신체를 나타내는 의미가 책임자를 나타내는 의미로 비유되는 방식으로 한 의미가 다른 의미의 기반이 된다. 그래서 신체의 머리라는 의미와 조직의 머리라는 의미 사이에 존재하는 유관성은 가장 위쪽에 있고 중요한 역할을 하고 다른 부분들을 통제한다는 점에서 개념 영역이 부분적으로 중첩되며 이는 앞서 다룬 동음이의어나 관용의미 등과 다른 차이점이다.

앞선 예들과 달리 어떤 전체의 구분 가능한 성분이지만 상위어 아래에 포함될 수 없는 의미의 예들로 국면(facet)[13] 또한 존재한다. 이들은 의미적 자립성을 어느 정도 가지고 있지만 통합되어 하나의 전체적인 게슈탈트를 형성할 수 있는 단위로 작용한다는 특징을 갖는다. 예를 들어 "테러리스트가 은행을 폭파시켰다."라고 했을 때 '은행'은 건물이 되지만 "이 은행은 1945년에 설립되었다."라고 했을 때는 건물이 아니라 기관이 된다. 책 또한 마찬가지로 내용과 형태라는 두 의미로 사용된다. 그래서 '재미있는 책'은 내용을, '두꺼운 책'은 형태를 의미하게 된다. 하지만 이렇게 구별되는 두 의미는 완전히 다른 의미라고 보기 어려우며 하나의 대상이 갖는 특성에 따라 다양하게 해석될 수 있는 것으로 보인다.

이처럼 전체 의미에 대하여 상호보완적인 관계를 맺음으로써 지각상 하나의 통일체를 형성하는 의미를 가진 단어들을 다면어[14]라고 부르기도 한다. 이들은 전체적인 하나의 모습으로 존재하며 둘 중 어느 것을 더 기본적이라고 할 수 없다는 점에서 개방적이고 분산적이어서 총체적인 하나의 모습을 확립하기 어려우며 기본의미와 확장의미가 존재하는 일반적인 다의 구분과 차이를 갖는다.

이들 국면은 관계적 자립성이 있다. 그래서 두 의미가 서로 다른 분류법에 속하게 된다. 책의 내용은 소설, 시, 수필과 같은 장르의 하위분류 항목으로 구분되며 형태는 양장, 반양장, 중철 등과 같은 제책 방식의 하위분류로 구분될 수 있다. 이는 두 의미가 존재론적 의미의 개념 영역에 차이를 가지고 있다는 것을 보여주는 것이며 이로 인해 결합 구성에

---

13   Croft & Cruse(2004/2010 : 201)

14   임지룡(1997 : 225)

서도 차이를 보여준다. 그래서 책의 국면이 물리적 형태인지 내용인지에 따라 '얇다, 두껍다, 찢다, 제본하다'와 '재미있다, 어렵다, 쓰다, 읽다'로 각기 다른 유형의 형용사와 동사들이 구분되어 사용된다.

그러나 통합성을 갖는다는 점에서 국면은 완전히 다른 구분되는 의미라고 보기 어렵다. 국면이 갖는 통합은 보통 두 의미가 동일한 전체의 부분으로 동화되는 양식, 상위 부류의 하위 부류로 포함되는 양식, 별개인 두 항목이 어떤 전체적인 게슈탈트의 성분으로 포괄되는 전체화 양식 등이 있다.[15]

책의 경우 출판된 책은 형태와 내용을 함께 가지고 있는 것으로 형태나 내용 둘 중 어느 하나만으로 구분할 수 없는 통합적 의미로 이해된다. 이와 같은 국면의 통합은 지시 범위가 두 의미 전체를 의미함으로써 동일해진다. 하지만 이들은 책의 형태와 내용을 포괄하는 상위 범주를 설정할 수 없는 것처럼 하나의 상위 의미 범주에 속하는 두 개의 하위 의미로 구분되지는 않는다.

국면의 또 다른 특징은 두 개의 다른 의미가 배타성을 보이지 않고 사용될 수 있다는 점이다. 그래서 "이 책은 재미있지만 너무 무겁다."처럼 각기 다른 두 국면을 수식하는 문장을 대등하게 연결하여 사용하는 것도 자연스럽다. 또한 국면은 통합적 의미에서 어휘관계가 동일하게 나타날 수 있어서 책의 하위 부류인 잡지, 단행본, 논문집 등은 모두 형태와 내용을 공유하는 관계로 구성된다.

의미적 자립성의 낮은 층위에서 맥락의 차이에 따라 구분되는 의미로

---

15   Croft & Cruse(2004/2010 : 199)

다중의미

미시의미(microsense)[16]가 있다. 미시의미는 동일한 존재론적 유형에 속하며 하나의 상위 의미 아래 포괄될 수 있다는 점에서 국면과 차이가 있다. 예를 들어 "강도가 칼로 사람들을 위협했다."라는 표현과 "연필을 깎아야 하는데 칼이 없다."라는 표현에서 '칼'은 서로 다른 종류로 이해되지만 "이곳에서 많은 칼을 판다."라고 하는 경우 앞서의 두 의미를 포괄하는 상위의 의미로 이해된다. 이처럼 미시의미들은 하나의 상위 의미에 대한 구체적인 하위 의미들을 구성한다. 하지만 상위 의미가 명확한 것은 아니며 일반적인 의미를 가지고 있는 것으로 보이기도 한다. 그래서 미시의미의 복합체인 상위 의미는 쉽게 상정하기 어려운 점이 있다. 따라서 이들은 대략적인 정의로 이해되며 다양한 하위 부류들을 포섭하게 된다.

이들 각각의 미시의미는 특정한 표현에 대한 구체적 해석[17]이라는 점에서 어느 정도 자립성을 가지고 있다고 볼 수 있다. 특히 미시의미들은 자신의 영역에서 기본 층위 항목의 기능을 한다는 점에서 중요한 의미 작용으로 볼 수 있다. 또한 앞서 칼의 두 의미가 하나는 총, 방패, 대포와 같은 무기류에 속하고 다른 하나는 지우개, 연필, 자와 같은 문구류에 속하는 것처럼 독립적 어휘 의미관계를 갖는다는 점에서 자립성을 인정할 수 있다.

또 다른 의미 가운데 하나로 보기방식(way-of-seeing)[18]이 있다. 보기방식은 대상에 대한 언어 사용자의 관점에 따라 달라지는 의미를 말하며 국면이나 미시의미보다 자립성이 현저하게 떨어진다. 그래서 이들을

---

16   Croft & Cruse(2004/2010 : 219-236)

17   Croft & Cruse(2004/2010 : 221)

18   Croft & Cruse(2004/2010 : 237-239)

별개의 개념으로 보기 어려울 수 있으며 지시적으로도 다르지 않다. 예를 들어 동일한 아파트를 지시하면서 '완벽한 아파트'라고 한다면 외형적으로 부서지거나 부족함이 없이 완전한 모습을 갖추고 있는 아파트의 모습을 의미할 수도 있고 아파트가 갖추어야 할 속성을 모두 지니고 있는 전형적인 아파트의 모습을 의미할 수도 있다. 마찬가지로 '좋은 아파트'는 보기에 좋은 아파트와 살기에 좋은 아파트라는 의미로 구분될 수 있으며 '비싼 아파트'는 구입하는 비용에 있어서 비싼 아파트와 건축하는데 많은 비용이 든 아파트라는 의미로 다르게 해석할 수 있다.

만약 아파트를 건축물이 아니라 경제적인 부동산의 관점으로 본다면 단독주택, 맨션, 빌라처럼 부동산 등과 같은 단어들과 같은 부류에 속한다. 이와 달리 건축 시설로 간주한다면 공장, 사무실과 같은 부류들과 대조된다. 그래서 아파트는 '살기 위한 집'과 '사기 위한 집'으로도 대조될 수 있다. 이처럼 보기방식은 분명한 통사구조를 지니고 있는 중의적인 구성으로 나타날 수 있다는 점에서 결합적 자립성을 분명하게 보여준다. 하지만 이들은 특정한 결합을 통해서만 생성된다는 점에서 국면이나 미시의미보다 의미적 자립성이 더 약해 보인다.

의미의 자립성 척도에서 가장 낮은 단계에 속하는 것으로 맥락적 변이의미를 들 수 있다. 이들은 구분되는 의미로 쉽게 인식되지 않지만 때때로 의미의 차이를 가져오며 의사소통의 측면에서 중요한 역할을 할 수 있다는 점에서 무시할 수 없는 부류이다. 예를 들어 '나의 오래된 친구'라는 표현에서 '친구'는 관계라는 의미를 우선시하지만 상황 맥락에 따라 사람을 지칭하는 의미도 가질 수 있다. 그래서 '오래된'은 관계 혹은 사람이라는 두 가지 의미를 수식하게 된다.

이처럼 특정 결합과 관련된 맥락적 변이의미들이 구성되는 예를 쉽게 찾을 수 있는데 이들은 수식에 의해 드러나는 활성역과 관계되어 있는 것처럼 보인다. 예를 들어 '빨간 펜'은 펜의 외형을 의미할 수도, 펜의 글씨 색을 의미할 수도 있으며 '빨간 눈'은 충혈된 눈을 의미할 수도 동공의 색이 빨갛다는 것을 의미할 수도 있다. 이처럼 수식 구조는 명사구의 특정 영역을 한정하는 것으로 의미 차이를 드러낸다.

이와는 달리 완전히 맥락적인 예들도 있다. '내 친구가 우리 형과 결혼했다.'와 '내 친구가 누이동생과 결혼했다.'라는 두 문장은 '친구'에 대해서 남자와 여자의 구분을 가능하게 한다. 하지만 '친구'를 여자인지 남자인지 구분할 수 있는 것에 대해 이 두 의미가 독립적이거나 자립성을 가지고 있다고 보기 어렵다.

위에서 살펴본 것처럼 의미 경계에 대한 문제를 통해 우리는 의미가 연속적인 계층성을 가지고 있으며 그들이 하나의 집합적 단위를 이루고 있다는 것을 알 수 있다. 앞서 살핀 의미 구분 문제들을 통해 나타난 다중의미의 연속적 계층성을 정리하여 보면 다음과 같다.

[표 4] 다중의미의 연속적 층위

특성 \ 유형	변이의미	보기방식	미시의미	국면	다의	관용의미	동음이의
의미 통합성	있음	있음	있음	있음	없음	없음	없음
지시 범주	동일	동일	다름	다름	다름	다름	다름
개념 범주	동일	유사	유사	다름	중첩	다름	다름
의미 관련성	있음	있음	있음	있음	있음	있음	없음
관계적 자립성	없음	있음	있음	있음	있음	있음	있음
배척성	없음	없음	없음	없음	있음	있음	있음
결합적 자립성	있음	있음	있음	있음	있음	있음	있음
의미 독립성	약함 ◄─────────────────────────────► 강함						

상황에 따라 가변적이며 추론에 의해 쉽게 나타났다 사라지는 변이의미 의미부터, 보다 고정적이고 독립된 사용으로 구분되는 동음이의까지 다중의미는 연속성을 가지고 있다. 이들은 모두 하나의 어휘 형태에 연결되어 집합적 결속성을 가지고 사용된다. 가장 왼쪽에 있는 변이의미는 즉각적이고 일시적인 의미에 속한다. 보기방식과 미시의미는 일시적인 의미에 속하지만 의미적 자립성을 상정할 수 있는 예들이다. 국면은 구분은 되지만 분리할 수 없는 한 의미의 부분이며 다의는 의미의 분리성을 가지면서 사용 영역이 구분된다. 관용의미는 관습적으로 고정된 특정한 의미로서 다른 의미와 구분되는 것이며 마지막 동음이의는 완전히 다르게 구분되는 의미라고 할 수 있을 것이다. 이들 각 의미는 동일한 형태에 의해 사용 맥락에 따라 다양하게 선택되어 사용된다.

사람들은 대화 형식과 담화 상황에 따라 별 어려움 없이 단의적인 표현에서 모호한 표현 그리고 다의적인 표현까지 자유롭게 사용한다. 연구자들은 대부분 단어의 고립적 의미를 가정하여 조사하지만 단어는 언제나 문맥 속에서만 특정 의미를 가지며 그러한 의미로 해석된다. 청자들은 수많은 가능한 해석들 중에서 배경, 기본 가정, 문맥적 고려를 통해 하나의 의미를 추정한다. 이는 이들 의미가 어휘 속에 내재된 본성적 의미가 아니라는 것을 말한다. 어휘 의미는 이처럼 다차원적 존재 양상을 보이며 의미는 어휘 형태와 연합하여 나타날 수 있는 다중의미체를 구성한다.

다중의미의 성격

● 다중의미 구분과 사용

우리가 문맥에 따른 다의를 모두 인정한다면 의미는 무한 증식을 하게 된다. 어휘는 문맥에 따라 가능한 지시들의 종류만으로 끝낼 수 없을 만큼 많은 의미로 확장이 가능하기 때문이다. 많은 연구자들은 이러한 특성을 문제로 생각하고 해결하기 위해 다른 의미를 생성해 내거나 파생시킬 수 있는 기본의미로서 추상적 의미를 확정하고 한정적으로 의미를 기술하려고 노력해 왔다. 하지만 생성어휘론이나 개념의미론 등에서 사용하는 추상적 의미의 설정은 오히려 의미를 현실과 동떨어진 것으로 만들어 버린다. 또한 인지의미론에서도 수많은 의미를 모두 다의성으로 인정할 수 없기 때문에 특정한 어휘 항목이 문맥 속에서 이용되는 모든 결속적 용법을 다의성의 실례로 간주하는 것이 오류라고 보면서 개별 의미로 간주할 수 있는 기준을 제공해야 한다고 주장[19]하는데, 이 또한 우리가 다루어야 할 다양한 의미 현상들을 제외하게 된다는 점에서 받아들이기 어렵다.

이러한 문제들은 결합을 통한 의미 생성의 입장에서 문제가 되지 않는다. 결합을 통해 의미가 생성되므로 기본적 의미와 다의적 의미 그리고 어디까지를 다의적 의미로 포함할지를 고민할 필요가 없기 때문이다. 결합을 통해 생성되어 구분되는 의미는 모두 다중의미로 포섭할 수 있으며 단지 다중의미들이 모두 동일한 차원의 성격을 갖는 것이 아니라는 점만 지적하고 구분해 주는 것으로 충분하다.

---

19   Sandra(1998 : 361)

우리는 다양한 의미를 아우르거나 한정하여 구분하기 위한 추상적 의미를 설정하는 대신 맥락에 따라 구성되며 연속적으로 존재하는 의미들을 사용할 때 사람들이 어떻게 무한한 의미들의 범주를 구분하는 기준을 찾아 설정하는지 살피는 것이 더욱 유용하다고 생각한다. 이는 의미를 명확히 구분하려는 노력을 포기하는 대신 다양한 의미들 가운데 어떠한 의미가 더 분명한지 혹은 사용할 때마다 가변적으로 생성되는 것인지를 확인하는 것으로서 이는 의미의 사용과 이해에 중요한 부분이 될 수 있다.

　　의미를 구분하기 위해 개별 의미의 층위를 결정하는 원리를 고려할 수도 있다. 예를 들어 의미 기준, 개념 정교화 기준, 문법적 기준으로 세분하여 한 의미가 의미로 간주되기 위해서는 연상되는 다른 의미에서는 부가의미가 명백하지 않아야 한다거나 개별 의미는 특이하거나 독특한 개념 정교화 패턴의 특징을 보여주기 때문에 의미적 선택제약으로 구분될 수 있다거나 특이하거나 구분되는 구조적 의존성을 표명할 수 있어 변별적인 문법적 패턴을 보여주어야 한다는 것 등[20]이다.

　　이러한 기준을 이용하여 단어가 사용되는 의미를 구분해 볼 수 있다. 예를 들어 "벌새가 꽃 위를 맴돈다."와 "헬리콥터가 도시 위를 맴돈다."라는 두 문장의 '위'는 지시하는 대상의 크기나 높이는 전혀 다르지만 모두 동일한 방향 공간으로 추론된다. 그런데 "서윤이가 천장 구멍 위에 판자를 못으로 고정시켰다."라고 한다면 앞서 파악한 단순한 방향 공간과는 달리 특정 공간을 덮는다는 의미로 해석되며 이는 방향 공간의 의

20　　Evans(2005)

　　　　　　　　　　　　　　　　　　　　　다중의미

미로부터 추론하기 어렵다. 이러한 의미는 앞서의 문장과 달리 "식탁보가 식탁 위에 있다."와 같은 사용 문장을 통해 추론이 가능하다.

　의미는 문맥을 배경으로 적절한 해석을 선택한 것이며[21] 이는 지시와 관련된다. 이때 맥락은 다양한 의미를 발생시키며 지시 범주를 구분하는 역할을 한다. 하지만 맥락에 따라 다양하게 나타나는 의미들은 모두 동질적인 것으로 보이지는 않는다. 단어 의미의 비대칭성과 관련된 심리 연구[22]에서도 다중의미들이 고립된 문맥에서는 연상 실험에서 유의미한 속도의 차이가 없었지만 문맥이 주어지면 차이가 발생한다는 사실을 발견했는데[23] 이러한 결과는 심상 어휘 속 표상이 동등하지 않다는 증거로 제시되기도 한다.

　한편 이와 같이 차이를 갖는 의미들을 구분하기 위한 연구자들의 다양한 다의 분할 기준들은 다중의미들이 범주적 속성을 가지고 있다는 것을 보여주는 것이었다. 다의적인 어휘 의미의 구분은 연속적인 경향을 갖는다[24]고 지적한 것은 바로 이러한 다중의미 속성을 말한 것으로 볼 수 있는데 이와 관련하여 다의성과 모호성에 대해 중심의미와 관련의미의 관계를 다음과 같이 고려하기도 한다.[25]

21　　Evans & Green(2006/2008 : 172)

22　　Williams(1992)

23　　Kilgrriff(2003 : 370-371)

24　　Cruse(1986)

25　　Tuggy(1993 : 280-281)

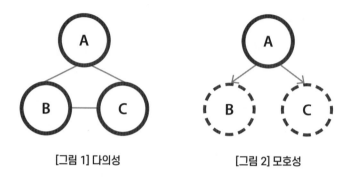

[그림 1] 다의성   [그림 2] 모호성

다의성의 경우 A는 중심의미를 나타내고 다른 의미는 B와 C로 표시된다. 위의 [그림 1]에서 모든 원은 굵은 선으로 표시되어 있는데 이는 모든 의미 표현이 동등한 정도의 고착화(entrenchment)를 기억 속에 가지고 있다는 생각을 나타낸다. 원들 사이의 선은 의미가 서로 관련된다는 것을 의미한다. 모호성의 경우 A는 B와 C가 지시하는 해석을 인가(license)한다. [그림 2]의 화살표는 B, C의 해석이 기본의미 A와 문맥으로부터 연산된다는 생각을 나타낸다. 이러한 표현은 B, C의 의미가 의미적 기억 속에 개별 의미로 저장되는 것이 아니라 온라인 처리로부터 발생한다는 생각을 나타낸다.[26] 이는 어휘 의미에 문맥이 담당하는 결정적인 역할을 고려하는 것 또한 중요하다는 것을 알려 준다.

이러한 설명은 문맥의 지배를 받는 단어 의미의 속성을 잘 보여주는 것이다. 하지만 이들 의미의 구분은 의미가 지시와 관련된다는 사실을 간과하고 있다는 점을 지적할 필요가 있다. 사용 맥락에 따라 지시하는 대상의 차이가 발생하며 지시 대상이 가지고 있는 속성 때문에 다른 의

---

26   Evans & Green(2006/2008 : 362)

미로 사용될 수 있다. 마찬가지로 무엇을 지시하는가에 따른 차이로 구분될 수 있다. 여기에서 문맥은 어휘 자체가 아니라 그 어휘가 지시하는 지시 대상이나 지시 범주의 속성을 구분하도록 하며 이로 인해 의미 차이가 발생하게 된다. 이러한 지시에 대한 이해를 통해 우리는 어휘의 의미 차이를 이해할 수 있다. 이는 우리가 의미를 구분하는 기준이 되는 것이 지시 범주와 관련이 있다는 것을 말해준다.

의미를 구분하여 기술할 수밖에 없는 사전 편찬자의 입장[27]에서는 의미 구분에 있어 결합관계와 계열관계 그리고 의미적 기준을 제시하기도 한다. 즉 어휘와 결합하는 체언과 용언의 의미 부류인 결합관계와 어휘 의미와 계열관계를 맺는 다른 어휘의 존재 여부 그리고 기능이나 생김과 같은 특정한 주요 의미적 기준을 통해 의미를 구분하는 것이다. 이처럼 복잡한 기준 설정은 의미 구분에 대한 종합적인 고려가 필요하다는 점을 잘 보여준다.

의미를 구분하려는 노력은 결국 구분되는 의미들이 어휘 개념 속에 저장되어 있는가에 대한 질문으로 볼 수 있다. 의미가 어휘 개념 속에 저장되어 있지 않다면 규칙에 의해 표면적 의미가 파생될 것이다. 그렇다면 반대로 규칙에 의해 파생될 수 없는 것을 저장된 의미라고 할 수 있을 것이다. 문제는 우리가 무엇을 파생시킬 수 있는지에 대해서는 알 수 없고 파생된 결과만 알 수 있다는 것이다.

다중의미들을 명확하게 구분할 수 없다고 해도 우리는 일상생활에서 의미를 구분하여 사용하는 데 아무런 문제가 없다. 이는 곧 우리가 단

---

27   차재은·강범모(2002)

순한 방식으로 의미를 구분하여 사용한다는 것을 말해주는데, 단순한 방식이란 곧 그 단어를 어떻게 쓰는지와 관련된 것이다. 단어 의미는 문맥 유형으로 구분되기 때문에 문맥적 유형이 다른 단어의 사용은 다른 의미로 사용된다. 이에 따라 다중의미 구분은 유사한 문맥 유형에 대한 허용성 정도로 의미 구분이 가능하다. 이러한 구분은 사람들이 단어의 사용 유형을 배워야 한다는 사실과 일치한다. 사용 유형은 특정 단어의 조합과 관계가 되며 다중의미를 결합하는 어휘 유형에 따라 구분할 수 있도록 한다.

어휘는 스스로 의미를 결정하지 못하며 의미 해석은 결합 유형에 의해 결정된다. 따라서 결합하는 어휘의 유형 변화는 의미의 차이를 보여주는 중요한 표지가 되며 의미를 알기 위해서는 단어가 어떤 문맥 속에서 나타나는가를 살피는 것이 중요하다. 이러한 점에서 단어 의미나 어휘 단위(lexical unit) 등은 실제적인 기본 단위가 되지 못한다. 기본 단위는 문맥 속에서 나타나는 단어에서만 발생하며 말뭉치의 예들은 그들의 범위로 의의를 구별해줄 수 있다. 이에 따라 최근 특정 의미는 특정한 어휘들을 선택하는 경향이 있다는 점에 대해서 관심이 집중되고 있는데 이는 연어 연구로 대표된다.

이러한 생각을 바탕으로 코퍼스를 기반으로 하는 의미 구분 방식이 제안되기도 하였다.[28] 이는 단어 일치(Concordance)를 이용하는 것으로 단어와 일치하는 행을 덩어리로 분류하여 가능한 모든 구성원들을 각각 일반적 덩어리로 나누고 작은 덩어리들을 또 다른 덩어리로 구분하는

---

28   Kilgarriff(2003)

방식에 따라 구분하는 것이다. 여기서 각각의 덩어리들은 어떤 역할을 하는지에 따라 필요하다면 재구성할 수 있다. 이러한 구분 방식은 이론 중심이 아닌 데이터 중심 역방향 분류라는 점에서 기존 의미 분류와 차이가 있다.

하지만 단순히 문맥의 유형만을 나열하는 것이 사용의 예들을 보여주는 것에 지나지 않는다고 보면 이들 유형을 분류하는 작업을 통해 범주화할 필요를 느낀다. 그래서 대상 부류를 이용하여 공기제약과 관련된 대상 의미 부류를 통한 의미 분류가 제안되기도 하였다.[29] 하지만 분류 기준은 문화에 따라 다를 수 있으며 단어 결합만으로 의미를 구분했다고 하더라도 연구자에 의해 또 다시 유형을 분류하는 작업이 추가된다면 이 또한 단어 결합 부류에 대한 추상적 자질 설정과 유사하다는 점에서 순환적인 문제를 지닐 수 있다. 상대적인 어휘들의 부류를 연구자가 어떻게 결정하느냐에 의해 의미가 나뉘게 되며 이들 부류를 결정하는 것은 다시 어휘 자체의 문제로 귀결되기 때문이다. 더구나 이러한 어휘 부류에 대한 논의는 대부분 추상적 차원의 계층분류를 따르고 있기 때문에 이는 결국 본질적인 의미 구분의 문제가 될 수밖에 없다.

보통 단어의 쓰임은 전형적인 사용과 한정된 특별한 사용으로 나누어진다. 이들은 담화상에서 구분되는 그룹으로 나눌 수 있으며 모두 일반적 의미로 예측이 가능하다. 보통 일상적인 사용에서는 동시에 다중적인 의미를 가질 수 있을 정도로 추상적인 층위의 의미로 사용하지는 않는다. 따라서 일상적인 층위에서 의미들의 구분이 가능해진다. 이러

---

29   Gross(1994), 박만규(2002)

한 구분은 이미 구분된 덩어리를 통해 의미가 나누어지기 때문에 동어 반복적 의미 정의가 불필요하다는 장점이 있다. 코퍼스를 이용한 의미 구분은 상대적 맥락에 의한 집합으로 의미 구분 문제를 해결하기 위한 노력이 전제된다. 사용 맥락을 통해 나뉜 쓰임의 덩어리들은 각 요소들의 범주적 동일성에 의해 구분될 수 있으며 이는 우리가 단어를 사용하는 일반적 직관에 일치하는 분류를 제공할 수 있을 것이다.

사람들이 의미를 구분하는 결과를 보여주는 것이 문맥 패턴이라고 한다면 이러한 구분을 가능하도록 하는 것은 지시와 관계에 대한 인식에 있다. 우리는 언어로 지시되는 대상을 인식하고 지시되는 대상과 언어 기호 사이에 존재하는 의미들 간의 관계를 구분한다. 그래서 '돼지'라는 발화는 지시 대상이 돼지가 아니어야만 다중의미로 이해될 수 있으며 지시된 대상과 언어가 지시할 수 있는 범주 사이의 불일치는 그 두 의미 사이의 관계를 형성하게 만든다. 이를 통해 우리는 단어가 다른 의미로 사용되고 있다는 것을 알 수 있다. 어휘가 가능한 지시로 사용되는지 아닌지 안다는 것은 그러한 정보가 우리 머릿속에 들어 있기 때문일 것이다.

이와 관련하여 의미 기술의 층위에 있어서 지시적 층위와 존재적 층위를 구분하는 것이 중요한 부분이 될 수 있다.[30] 지시적 관점에서 모호성은 주어진 지시가 범주의 주변적 예로 분류된 의미에만 가능하다. 하지만 이들은 모두 범주 구성원들이다. 모호성이나 문맥적 의미를 의미적으로 다루려면 주어진 단어의 문맥적 의미 발화가 이 단어의 어휘화

---

30   Blank(2003 : 275)

된 의미의 실제로 인식되어야만 가능할 것이다. 이를 위해 상호 적합성 테스트를 설정할 수 있다. 이는 만일 두 문맥적 의미가 의미적으로 명확히 중첩되어도 의미관계에 적절히 연결되지 못하면 두 의미가 관계를 구성하지 못하므로 이들은 사용에 의해 생성된 변이의미의 하나로 다룰 수 있다는 것이다. 만약 두 지시물이 다른 외적 분류의 예로 간주되면 지시적 모호성의 경계를 넘는 것으로 보아야 할 것이다. 그리고 두 문맥적 의미가 공시적 관계로 성립된다면 머릿속에 저장되어 사용될 수 있는 의미로 다룰 수 있다.

예를 들어 "나는 팔을 다쳤다."라고 한다면 팔에 속할 수 있는 부분 중 특정 부위를 다쳤다고 해도 일반적인 층위에서 굳이 팔을 구분하지는 않을 것이다. "나는 팔을 꿰맸다."나 "부러진 팔이 나았다."라고 한다면 찢어진 피부와 부러진 뼈라는 점에서 팔의 일부로서 부분전체라는 공시적 관계를 가질 수 있지만 지시 범주에 있어서 모호성을 갖는다는 점에서 생산적으로 이해할 수 있는 변이의미들로 처리할 수 있다. 이와 달리 "사고로 기계 팔을 달았다."나 "동상의 팔이 부서졌다."는 지시 범주의 차이가 있는 것처럼 보이지만 모두 동일한 팔로서 이것을 팔과 관련된 특정 부분으로 보아 팔과 관계를 설정할 수 없기 때문에 모두 동일한 범주에 속한다고 처리할 수 있다.

위의 예와 달리 팔은 외적 지시 범주가 확연히 구별되는 예들로 사용될 수 있다. "양복의 팔이 너무 길다."라거나 "팔을 걷어붙이고 나섰다.", "그 회사는 다른 사업에 까지 팔을 뻗었다." 등은 은유나 환유 같은 기제들을 통해 의미관계를 만들어 낸다. 이들은 인식하는 외적 범주의 개념적 차이를 가져오며 다중의미 구분에 적용된다. 이때의 은유와 환유는 외적 범주로 확장된 것이 아닌 새로운 외적 범주에 주어진 단어의 개념을 연결한 것이다. 은유나 환유는 사용에 따라 관습화되지만 다시 새로운 의미로 창조될 수 있다는 점에서 생산적이다.

유형에 기반하여 지시계층과 의미관계를 이용하는 것은 인간이 세상을 인식하고 구분하는 방식과 일치하며 이는 곧 사람들이 어떻게 의미들을 구분하는가를 보여주는 데 유용하다. 또한 이를 이용한 의미 구분은 인위적이고 기계적인 구분에서 벗어나 실제 사람들이 의미를 구분하는 방식을 따른다는 점에서 현실적이다. 변이의미는 어휘화된 의미 내의 범위를 기술하므로 의미 차이는 의미관계의 하위 층위에 관련된다. 반면 다의는 단어의 의미적 상태 속성과 이 단어와 관련된 의미의 연결망을 기술하게 된다.

의미 구분은 관계를 확인하는 작업이 된다. 즉 관계가 의미 구성과 존재의 핵심적 요소라는 것이다. 이에 따라 다중의미의 내적인 의미관계를 분류할 수 있는데 이는 다중의미 각각이 다른 어휘소와 맺는 관계와는 달리 다중의미들 상호 간의 관계라는 점에서 의미관계의 방식으로 제시할 수 있을 것이다.[31] 의미관계는 우연하다기보다는 도식적이라고 할 수 있다. 또한 이들 관계는 언어의 체계성과 조직성을 반영하는 것이므로 다중의미의 체계와 조직을 보여줄 수 있는 방법이 된다.

의미를 명확히 가르는 것은 사전 편찬과 같은 실용적인 면에 있어 중요한 문제가 된다. 그래서 사전 편찬자는 그들의 경제적, 문화적 상황에 따라 명확하게 의미를 나누고 기술한다. 하지만 실제 언어생활에서는

---

31   이민우(2009)

그렇지 않다. 일상적인 대화에서는 명확한 의미보다는 함축적인 의미가 더 많이 사용되며 우리는 대략적인 의미를 가지고서도 추론을 통해 얼마든지 문제없이 살아갈 수 있다. 그렇다면 과연 의미 연구자에게 있어서 사전 편찬자와 같은 인위적 의미 분할의 노력이 필요할까. 의미에 대한 연구는 사전 편찬이 목적이 아니라 우리가 일상적인 삶 속에서 사용하는 의미를 찾고 이해하는 것이 목적이다. 따라서 명확히 구분되지 않는 또는 구분하기 어려운 의미를 가지고도 사람들이 아무렇지 않게 그 수많은 의미들을 이해하고 사용할 수 있는 방법이 무엇인지 살피는 것이 더 중요할 것이다.

다중의미에 대한 논의에서는 얼마나 많은 의미가 있는지 혹은 어떻게 의미를 구분해야 하는지는 본질적인 문제가 아니다. 중의성이건 모호성이건 이들은 의미가 단일하지 않다는 것을 보여주는 것이며 우리는 의미들의 관계를 파악하는 것을 통해 어떻게 어휘와 연합된 의미가 존재하고 있는지 알 수 있다. 관계는 의미의 존재 방식일 뿐만 아니라 우리가 세계를 이해하고 표현하는 방식이다. 따라서 관계를 아는 것이 곧 의미를 아는 것이라고 말해도 과언이 아닐 것이다.

하지만 의미들의 관계를 파악하는 것만으로는 실제 우리가 이해하고 사용하는 의미에 대해 말하는 것이 불완전하다. 범주적으로 존재하는 관계들 중에서 어떤 것이 어떻게 선택되고 드러나는지에 대해서도 살펴야 하기 때문이다. 단어 표현은 그 자체로 어떤 특정한 언어적 영역에 위치하지 않고 영역들 간에 걸쳐서 표시된다. 우선 의미 파악은 그들이 결합되는 문맥 속에서 파악되는데 이는 역으로 화자가 특정한 의미를 의도할 때 특정한 문맥을 사용하도록 하는 것으로 볼 수 있다. 따라서 이러한 의미의 선택 혹은 발생이 어떻게 이루어지는 것인가를 확인하는 것 또한 중요할 것이다.

● 의미의 문맥 의존성

앞서 살펴보았던 의미 검증 시험에서 보여준 단어 의미 구분의 불명확성은 단어의 의미가 문맥의 직접적인 지배를 받는다는 것을 말해준다. 단어의 의미는 사용되는 문맥과 연합되며 잠재적으로 열려있게 된다. 따라서 단어 의미는 언제나 문맥의 지배를 받기 때문에 정도성을 갖게 되며 우리가 의미를 결정하거나 예측할 수 없다는 점에서 문맥 정보가 없는 단어는 무한한 의미를 가질 수 있다고 말할 수 있다.

의미는 문맥과 결합하며 단어 결합 층위와 문장, 담화로 층위화된 의미 층위를 구성하는 중요한 결합 요인으로 작용한다. 따라서 발화나 용법, 사건이 위치하는 문맥은 인지적 설명에서 중심적이다. 이것은 특히 본질적으로 변화무쌍한 단어의 의미를 설명해 주며 단어의 의미가 가변적이라는 것을 보여준다. 단어는 관습적으로 의미와 연결되지만 단어가 사용되는 문맥은 그 의미에 중요한 영향을 미친다. 더욱이 문맥은 다른 많은 것들을 의미할 수 있다는 점에서 매우 중요하다.

앞서 살펴본 바대로 의미를 구분하려는 많은 노력은 대부분 실패했으며, 이를 통해 다중의미가 연속적인 다차원 속에 존재하는 현상이며 문맥의 지배를 받는다는 것을 알 수 있었다. 하지만 사람들이 의미를 구분하는 방법은 단순히 문맥만이 아니다. 지시에 대한 정보 또한 의미를 구분하는 중요한 역할을 한다. 문맥은 어휘 자체가 아니라 그 어휘가 지시하는 대상이나 범주를 구분하도록 하며 이를 통해 우리는 의미를 구

다중의미

분하여 이해하고 사용할 수 있다는 것이다.

문맥은 크게 사용문맥(usage context), 문장문맥(sentential context), 지식문맥(utterance context) 등으로 구분[32]할 수 있다. 이들 세 가지 문맥은 각각 어휘에 있어서 지시와 명명 차원, 결합 사용 차원, 담화 상황과 개인의 지식 차원이라는 세 가지 차원과 관련하여 이루어진다.

먼저 사용문맥이란 어휘가 나타나는 특정한 상황적 문맥을 말한다. 특정한 상황은 사용된 단어가 지시하는 지시 범주의 외연을 한정한다. 그리고 다른 문맥에서는 이런 개별 의미는 드러나지 않으며 다양하게 변화한다. 예를 들어 "주방에 과도만 있고 적당한 칼이 없다."는 표현은 칼(과도)이 있지만 요리를 하는 문맥에서 그것이 적당한 종류의 칼이 아니라는 것을 규정하며 칼의 의미를 과도가 아닌 식칼로 제한한다. 이와 달리 "서랍에 식칼과 과도 따위의 칼이 많다."라고 할 때는 모든 칼을 아우를 수 있는 일반적인 칼의 상위 부류로서 사용된다.

위의 예들은 사용문맥에서 개별 단어 의미가 구분된 것처럼 보인다. 이들은 특정한 상황적 문맥에서만 사용되며 다른 문맥에서는 구분되는 개별 의미들이 사라진다는 점에서 완전한 자립성이 없다.[33] 이처럼 사용문맥에 따라 다양한 하위 의미를 가질 수 있는 예들은 앞서 다중의미의 정도성에서 미시의미로 다루었던 것들이다. 때때로 이들이 동일성 제약(identity constraint)이 있다는 점과 같은 증거를 들며 다의적이라고 주장[34]하지만 일부 상황에서 개별 하위 의미는 사라지므로 동일한 층위의 의미

---

32   Evans & Green(2006/2008 : 375-378)

33   Croft & Cruse(2004/2010 : 220)

34   Cruse(2000)

가 아니라는 점은 분명하다.

　문장문맥은 단어 결합을 통해 나타나는 다양한 의미들을 드러내는 데 수식과 관련된 맥락적 변이의미를 나타내거나 대부분의 다의성을 구분하도록 하며 특히 국면(facet)을 선택한다는 점에서 대표적인 기능을 보여준다. 앞서 예를 들었던 책은 내용(TEXT)과 형태(TOME) 둘 모두로 이루어져 있으며 국면은 일부 문장문맥 속에서만 명확해진다. 책이 갖고 있는 두 의미의 예들은 하위 의미인 것처럼 보이지만 특정한 문장문맥에 의해 선택되며 책 자체가 갖는 고유의 속성에 기인한다는 점에서 차이가 있다. 이들이 "책을 보았다."와 같은 문장 속에서는 통합적 의미를 형성하여 국면들 사이의 구분이 사라지며 두 의미가 의미차이 없이 등위 접속한다는 사실은 이들 구분이 완전하지 않다는 것을 암시하는 것이기도 하다. 그래서 완전히 구분되는 의미로 사용되는 다의성이 액어법을 통해 구분된다는 점과는 다르며 이로 인해 불완전한 다의성의 예로 지적되기도 하였다.[35]

　마지막으로 지식문맥은 백과사전적 지식과 관련이 있다. 사람들은 개인마다 서로 다른 경험을 하며 이는 개인마다 특정 실체에 대해 경험과 관련한 백과사전적 지식문맥을 창조한다. 집이 종류나 기능, 생활 등 다양한 보기방식에 따른 의미 차이를 드러내는 것이 언어 사용자의 경험에 따른 지식과 담화의 상황 맥락에 따른 것이다.

　이처럼 문맥은 의미를 해석하기 위해 필수적인 것으로 의미가 문맥에 민감하다는 것은 의미 해석이 '어휘-구-문장-담화 및 지식 층위'에

35　Cruse(2000/2002 : 203)

서 각각 결합하며 독립적인 의미를 획득한다는 것을 보여주는 것이다.

● 의미 원소의 문제

의미는 명확하고 분명하게 존재하지 않으며 모호하고 흐릿한 형체만을 보여주기 때문에 의미에 대해 이야기 하는 것은 무척 어렵다. 하지만 분명한 의미의 존재도 불명확한 의미의 존재도 모두 어휘 의미가 가지고 있는 특징이다. 여기서 주목할 것은 의미란 무엇인가에 대한 철학적이고 난해한 문제가 아니라 인간이 어휘를 어떻게 이해하고 사용하는지에 관한 것이다. 이제까지 많은 어휘의미론 연구자들이 다의성에 관심을 두고 연구했던 이유는 이것이 의미의 본질적 측면을 보여주는 것이기 때문이기도 하다.

의미에 대해 필요충분조건 집합으로 정의한 전통적 의미론에서부터 원형을 중심으로 하는 인지의미론까지 의미는 집합적 개념이라는 것을 전제로 하고 있다. 이에 따라 정의할 수 있는 한정된 의미를 설정하기 위해 의미소와 같은 원소 개념을 이용하여 왔다. 하지만 이러한 설명은 단어의 의미를 아무리 정의 내리려 해도 생겨나는 예외적인 의미들의 존재 때문에 많은 어려움을 겪었다. 실제로 고정되고 한정된 의미에 대해 말할 수 있는 것은 소수의 전문가들뿐이며 단어에 한정된 그러한 의미가 있는지는 의심스럽다.

그동안 사용해 온 의미의 원소적 개념은 세 가지 측면에서 문제를 갖는다. 첫째는 의미를 구성하는 원소가 얼마나 많으며 또한 그것이 무엇인가에 대한 문제이다. 둘째는 원소를 더 세분할 수 있는지와 어떤 것을 원소로 규정할 수 있는가이며 마지막 문제는 실제로 우리가 생각하는 것보다 더 많은 의미가 단어 속에 존재하는 것으로 보인다는 것이다. 그래서 단어 안에 있는 그 의미들을 단어의 일부로 보아야 할지 말아야 할지를 결정하기가 어려웠다.

이러한 문제에 대한 해결 방법으로 제시된 것 중 하나는 가족유사성의 개념이다. 가족유사성 개념은 복잡하게 얽혀 있는 의미들의 연관성에 대한 문제들을 기술하기 위한 편리한 방법을 제시해 주었다. 하지만 그렇다고 해서 문제가 완전히 해결된 것은 아니었다. 또 의미에 대한 설명에서 인지의미론에서 제시하는 원형이나 전형을 이용하는 것 또한 다의성에 대한 문제를 줄일 수는 있지만 이 또한 문제를 완전히 해결하지는 못한다.

만약 전통적으로 설정해 왔던 자질과 같은 의미 원소들이 본질적이라고 한다면 다음과 같은 예들이 어떻게 자연스럽게 사용될 수 있는지에 대한 설명이 어려워진다. 밥은 음식의 종류로서 먹을 수 있는 것이며 돌은 자연물로서 먹을 수 없는 것이다. 만약 음식으로서 먹을 수 있는 것 또는 먹을 수 없는 것이라는 의미가 단어의 의미자질이라면 "밥은 못 먹는다."라거나 "돌을 먹었다."라는 표현은 본질적으로 잘못된 사용으로 보아야 한다. 하지만 우리는 아무렇지 않게 이러한 예들을 이해할 수 있으며 또한 자연스럽게 사용할 수 있다.

의미소에 대한 일반적인 견해는 아직까지 없는 것으로 보인다. 이는 그러한 것을 찾기 어려울 뿐만 아니라 증명하기도 어렵기 때문이다. 그럼에도 불구하고 이제까지 많은 학자들이 이러한 개념을 이용하여 온 이유는 의미소를 이용한 설명이 의미에 대해 가장 나은 설명력을 가지고 있다고 생각했기 때문일 것이다. 의미에 대해 원소적 개념을 사용하

다중의미

는 것은 구조적 세계 인식에 기반하고 있는 것으로 구조적인 분석을 통한 설명을 중요시하는 입장에서는 가장 적절한 설명방식이라고 볼 수 있다.

하지만 앞서 지적한 대로 필수적 원소에 대한 정의가 불가능하다는 점은 의미에 대한 관점을 바꿔야만 할 필요성을 제기한다. 이제까지 생각했던 원소성에서 벗어나 의미를 집합적 통일체의 개념으로 보아야만 한다는 것이다. 어휘 의미는 다양한 의미들의 집합으로 구성되며 개별적 의미들을 독립적으로 떼어낼 수 없다. 이들 의미 집합은 내부적으로 결속된 구조를 가지고 있다. 또한 어휘의 의미는 응집적이다. 이러한 관점은 하나의 의미를 설정하고 이를 통해 다른 의미가 동기화된다고 보면서 규칙에 의해 다의가 파생된다는 단의적 접근과는 다르다. 의미에 대한 다중적 접근은 어휘 규칙이 존재한다면 이는 의미의 잠재적 확장을 상술하는 것일 뿐이며 어휘 자체는 관습적 통합체만으로 존재한다고 보는 것이다.

● 다중의미체

다중의미체는 가능성 집합의 한 유형으로 보아야 한다. 우리는 이들 집합에서 가능한 의미들을 선택해 낸다. 따라서 얼마나 많은 의미가 있는지에 대해서는 말할 수 없다. 다만 우리들이 언어를 사용할 때 그렇게 복잡한 의미들을 어떻게 구분하고 사용하는지에 대해서는 어느 정도 말할 수 있을 것이다.

어휘가 갖는 의미들의 관계는 우리가 어떠한 방식으로 어휘의 의미를 추론하는지 보여주는 예가 된다. 어휘는 의미관계를 내포하며 이는 의미가 관계를 통해 추론된다는 강력한 증거가 될 수 있다. '차에 타다', '차를 운전하다', '차로 가다' 등의 예들은 '차'라는 단어에 연결된 의미들의 다양성을 보여준다. 여기에서 '차'는 장소, 기계, 도구와 같이 차와 관련된 다양한 의미들을 드러내지만 실제 우리가 생각하는 전체적 개념 구조로서의 차의 의미를 모두 포괄하는 의미 영역으로 사용되는 예는 찾아보기 어렵다.

하지만 중심적이고 고정된 의미가 없는 것처럼 보이는 단어의 의미를 결정하는 데 문맥은 결정적인 역할을 한다. 위의 예는 실제 개체인 차의 개념 전체와 일치하는 적당한 의미 없이 변이의미들로만 구성된 것으로 보이지만 문맥은 적당한 복합 개념의 하위 영역이나 부분에 초점을 두도록 한다. 더 나아가 차와 관련된 세부 의미들은 전체 개념 속에서만 이해되며 이들이 연합하는 어휘의 차이뿐만 아니라 문법적 형태들로도 구분될 수 있다는 것은 관계가 의미 구성과 존재의 핵심적 요소가 된다는 것을 보여준다.

어휘의 의미가 관계를 통해 이해된다고 하여 그것이 의미가 구조화되어 있다는 것을 말하는 것은 아니다. 구조화되어 있다면 우리가 충분히 예측할 수 있겠지만 현실은 그렇지 못하다. 얼마나 많은 관계를 맺을 수 있는지 예측한다는 것 자체가 불가능하다. 우리는 단지 관계를 짓는 방식을 알고 있으며 이를 통해 관계된 결과만을 볼 수 있다.

다의어의 의미 구조는 'Aa, ab, ac, ad'로 구성된 '핵의미 구조', 'A(abd) → B(bcd) → C(cde) → D(def)'로 구성된 '의미 연쇄 구조', 그리고 스키마(schema : SCH)를 통해 원형(prototype : PT)에서 확장된 관계

다중의미

를 갖는 '의미망 구조'로 구분된다.[36]

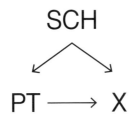

[그림 3] 의미망 구조

이들 중 첫 번째 핵의미 구조는 전통적 의미 이론에서 제시했던 것으로 다의어가 추상도가 높은 핵의미 구조를 가지고 있다는 것이다. 두 번째 의미 연쇄 구조는 비트겐슈타인의 가족닮음 은유와 일치하며 상사성을 통한 확장으로 인접요소들끼리는 공통부분을 가지지만 전체를 망라하는 의미핵은 없는 구조이다. 마지막으로 의미망 구조[37]는 도식에 의해 원형으로부터 의미가 확장되는 양상을 보여주는 것이다. 이는 도식의 순환 작용에 의해 복잡한 망으로 확대될 수 있다. 인지주의적 입장에서는 원형 이론에 바탕을 둔 의미 연쇄 구조와 의미망 구조를 통해 다의어를 설명해야 한다고 주장한다.[38] 대부분의 다의어 연구는 이러한 관점에서 은유와 환유라는 기제를 통해 의미 확장의 방향을 설명하는 것에 중점을 두고 있다.

하지만 의미 연쇄는 복잡하게 얽힌 관계를 보여주기에 적합하지 않

---

36   임지룡(1996)

37   Langacker(1987)

38   임지룡(1996)

을 뿐만 아니라 무한한 다의어를 발생시키는 문제가 있으며 원형을 중심으로 한 확장은 결국 핵의미 방식을 따른 것이기 때문에 기존의 문제에서 벗어나지 못한다. 또한 이러한 구조는 앞에서 지적한 것과 같이 단일 의미에서 확장 또는 파생을 보여주기 위해 가정된 것으로 개념적 덩어리로 존재하는 의미의 양상을 보여주기에는 적절하지 않다. 더구나 위와 같은 개념은 의미를 설명하기 위해 어휘의 개별적 의미 원소들을 상정하고 있다는 점에서 문제를 갖는다.

다중의미체의 구조는 화살표를 통해 기본 의미에서 확장되는 모습을 보여주는 것보다 다중의미 내부의 의미들 사이의 관계로 구성된 복합적인 집합 구조로 보는 것이 적절하다. 어휘에 대응되는 의미들은 무수한 관계들로 얽혀 있으며 이들은 세상에 대한 지식과 관점에 따라 사람마다 다를 수도 있고 새로운 관계가 형성되거나 사라지기도 하며 다른 관계로 바뀔 수도 있다.

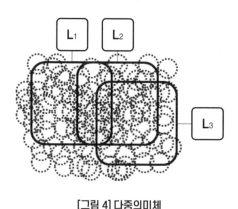

[그림 4] 다중의미체

[그림 4]에서 보는 것과 같이 단어 형태 L은 무수한 다중의미들의 집

다중의미

합 중 특정한 영역과 연합한다. 단어와 연합되는 의미 영역은 가변적이므로 고정시킬 수 없다. 또 이들 의미체는 단순히 하나의 단어에만 연결되는 것이 아니라 단어 형태와 독립된 존재로서 중첩적으로 다양한 단어 형태들과 연결될 수 있다. 따라서 다른 단어들과 의미적으로 중첩되거나 연속된 의미들의 범위를 가질 수 있게 된다. 이들 의미는 세부적으로 사용되지만 총체적으로 의미 전체를 구성하고 있기 때문에 원소적으로 분리할 수 없는 성질이 있다.

다중의미와 의미관계

● 의미관계

의미에 있어서 관계의 중요성에 대해서는 많은 구조주의 언어학자들이 이야기해 왔다. 의미장 이론 연구가인 포르지히[39]는 '모든 단어들은 어느 정도 힘의 영역을 자기 주위에 가지며, 이것들은 내용적으로 이 영역에 적합할 때만 다른 단어들과 결합될 수 있다'고 주장한다. 이는 의미의 관련성에 대한 언급이라고 할 수 있다. 이러한 생각은 퍼스[40]에게는 연합, 카츠와 포더[41]는 선택제약이라는 개념으로 이어진다. 코세리우[42]는 두 단어 사이에 언어적으로 존재하는 함축관계를 확인하고 이 관계

---

39   Porzig(1934)

40   Firth(1957)

41   Katz & Fodor(1963)

42   Coseriu(1962)

에는 상이한 유형들이 있음을 발견했다. 라이온스[43] 또한 의미란 독립적인 것이 아니라 관계적인 것이라고 지적한다. 카터[44]는 의미는 관계적이며 단어의 의미는 대부분의 경우 어휘소의 의미와 하위 의미 간에 존재하는 의미망을 지시함으로써 가장 잘 예시될 수 있다고 말한다.

국어 연구에 있어서도 마찬가지로 의미관계는 중요하게 다루어져 왔다. 의미관계에 대해서 이승명[45]은 어떤 어휘가 단독으로 의미를 존립시킬 수 없을 때 그 어휘와 관련이 있는 다른 어휘를 연관시킴으로써 의미를 확립시키는 두 어휘 간의 관계를 가리키며 추상적 의미의 존립은 어휘 그 자체로서는 어렵고 그 어휘에 작용하는 변수 요인의 상관관계로만 가능하다고 말하면서 의미관계란 항상 복수의 어휘 사이에서 얽혀 있는 관계라고 정의한다. 이는 어휘 의미관계의 기능성을 염두에 둔 것으로 어휘의 의미를 확립하기 위해서는 상대가 되는 어휘 쌍들 사이에 의미적 관련성을 가져야 한다는 것이다. 임지룡[46]은 계열관계는 어휘소가 종적으로 대치되는 관계를 말하는데, 계열적 축 곧 선택(choice)은 종적인 선을 지향하며 결합 축 곧 연쇄(chain)는 횡적인 선을 지향한다고 하며 의미의 결합관계는 어휘소가 횡적으로 맺는 관계로서 어휘소가 종적으로 대치되는 계열관계와 대비를 이룬다고 말한다. 그가 말하는 관계란 의미 분절의 결과로 의미 계열이 다른 어휘소들이 맺는 직접적인 어휘관계로 정의된다.

---

43   Lyons(1977)

44   Carter(1998 : 35)

45   이승명(1981 : 549)

46   임지룡(1992 : 135)

다중의미

의미관계에 대한 구체적인 논의는 대체로 계열적 관계에 치중되어 있다. 어휘의 계열적 의미관계는 대개 동의, 반의, 상하의 관계 등을 대표적인 것으로 생각한다. 그리고 대부분의 의미론에서 관계에 대한 언급은 이러한 것들을 중심으로 논의한다. 머피[47]에서 제시된 의미관계들은 이러한 생각을 잘 보여준다. 그는 대조에 의한 관계를 일반적인 관계로 규정하고 대조관계는 동의, 반의, 범주대립, 상하위, 부분전체, 문법계열 등으로 나타난다고 한다. 또한 의미관계는 부분전체관계(meronymy)와 전체부분관계(holonymy) 등으로 구분되며 의미 이외의 관계들로는 장(field)과 틀(frame)이론, 크루즈[48]의 문맥적 관계, 의미텍스트 이론에 있어서 어휘함수들이 있다고 말한다. 그의 관계에 대한 논의는 계열적 관계에 대한 종합적 논의라고 할 수 있다. 여기서 의미장과 틀, 문맥, 어휘함수들을 의미 이외의 관계로 구분한 것은 의미는 언어 내적 구조에 국한된다고 보았기 때문이다. 그에게 있어서는 범주에 대한 인식적 지식들과 상황에 의한 문맥들이 의미 이외의 것으로 구분되는 것이다. 하지만 언어 외적 상황으로 구성되는 문맥과는 달리 세상사적 지식은 의미 범주로 보아야 하며 이들의 관계 또한 의미관계 속으로 포함되어야 할 것이다.

의미관계는 명사를 중심으로는 계열적 관계가 중심이 되었으며 결합적 관계에 있어선 동사를 중심으로 논의가 되었다. 동사를 중심으로 한 의미관계는 대부분 논항과 의미역할이다. 명사를 중심으로 한 관계

---

47   Murphy(2003)

48   Cruse(1986)

는 명사의 범주 유형이었다. 의미의 관계를 논하기 위해서는 명사와 동사를 동등한 관점에서 살펴야 하며 이런 점에서 명사의 범주는 사건의 가능성을 선택한다고 보아야 한다. 즉 명사의 결합적 관계는 개체 명사의 특정한 속성이 어떤 술어를 선택하는가의 문제가 된다.

이전의 논의는 대부분 의미관계(semantic relation)를 어휘관계(lexical relation)로 다루어 왔다. 크루즈[49]는 의미관계를 의미 단위들 사이의 관계라고 말하면서 이들은 불연속적 층위가 있으며 문맥 민감성을 갖는다고 주장한다. 그는 이들 관계를 계열과 결합, 파생의 축을 가진다고 보았으며 계열관계는 동일성, 포함, 대립, 배제 관계를, 결합관계는 적절한 연결과 응집성 제약, 파생 관계는 Cook과 같은 단어가 자·타동사 명사 등의 단어 가족들과 관련된 예를 들고 있다. 하지만 그도 어휘 항목들 사이의 관계에 집중한다는 점에서 한계가 있다.

특정한 개념은 기표와 연결되어 있으므로 다중의미들은 각기 유의한 기표에 사상될 수 있다. 의미는 어휘로 표상되므로 의미관계가 어휘관계와 동일시된 것은 당연하다. 다중의미 또한 개념상 어휘와 대치 가능한 경우로 설명되며 대부분의 경우 그렇게 표시한다. 다중의미들의 구분은 어휘의 구분과 일치하기 때문이다. 이처럼 의미관계에 있어서 혼란스러운 것은 그것이 어휘관계와 동일한 것으로 사용되었다는 것이다. 하지만 어휘관계는 유사한 형태를 갖거나 유사한 운을 가진 어휘의 관계처럼 의미만이 아닌 형태적인 관계들도 가질 수 있다는 점에서 의

---

49   Cruse(2000/2002 : 259)

미관계와 구분되어야 한다. 탕바[50]는 의미는 항상 ~같은, ~과 반대의 같은 의미적 등가 표현으로 치환하여 명시된다는 점을 지적하는데 이것이 의미가 형태를 고려하지 않고 의미 가치만의 동일성이나 차이에 의해 의미들을 서로 비교하여 정의할 수 있는 근거가 될 수 있을 것이다.

어휘의 의미가 관련된 의미들이 이루는 망 속의 특정 범위에 의해 규정되는 집합적 개념으로 정의되는 것처럼 다중의미는 어휘의 개념들이 이루는 관계의 망 속에 의미를 부려 놓는다. 어휘 개념은 다양한 해석이 가능한 의미의 집합체로 존재한다. 다중의미는 단순히 한 단어가 둘 이상의 의의를 가지는 것만이 아니라 한 단어의 내포적 기준들이 문맥에 걸쳐 다양하다는 것을 보여주는 것이다. 이 속에서 의미는 복잡한 그물망처럼 얽혀 있다. 따라서 다의에 대한 연구는 의미들 간의 관계에 대한 관찰이며 의미의 구조를 드러내는 작업이 된다. 이는 어휘 의미를 한정할 수 없다는 것을 말하며 우리는 어휘 의미를 알기 위해 어휘와 연합되는 개념들 사이의 관계를 규명하는 것에 집중해야 한다는 것이다.

멜축[51]이 지적한 것처럼 어휘 형식과 내용은 다 : 다(多 : 多) 관계이며 이것은 본질적이다. 또한 새로운 어휘의 탄생에 있어서조차 형식은 다양한 의미를 내포한다. 예를 들어 일반적으로 단순히 대상을 지시하는 단의어로 생각하는 고유명사에 있어서도 그 명명에 있어서 단순한 지시 이외에 다양한 의미를 함축한다.

지프[52]는 인간의 합리적인 행동의 기저 원리를 이루는 경제성의 원리

---

50   Tamba(1988/2009 : 59)

51   Mel'čuk(1998)

52   Zipf(1949)

가 의사소통 과정에서도 작용하며, 말하는 사람과 듣는 사람은 각자의 입장에서 서로 다른 경제성을 추구한다고 주장한 바 있다. 우선 말하는 사람은 될 수 있는 대로 말을 적게 해서 자신의 뜻을 전달하려는 화자의 경제성을 추구한다. 그래서 다른 반대 원리가 없다면 화자는 궁극적으로 하나의 단어로 n개의 다른 의미를 가리키는 상태를 추구할 것이라고 한다.[53]

어휘의 의미는 그 자체로서 범주적이기 때문에 단일한 원소로 나타낼 수 없으며 단지 그 내부 의미들의 관계에 대해 이야기할 수 있을 뿐이다. 어휘의 의미가 범주적이라는 것은 곧 다중적이라는 말이다. 따라서 다중의미성은 어휘 의미가 갖는 본질적 속성이며 의미가 관계를 통해 조직되어 있다는 것을 말한다. 또한 다중의미화는 어휘가 갖는 의미인 개념 뭉치 속의 의미들을 대조함으로써 생성되는 것이며 이는 개념들 사이의 관계 짓기라고 말할 수 있다.

의미를 구분되는 의미들 사이의 관계라고 볼 때 한 형태 속에 포함된 의미들 간의 관계를 의미관계로 설명하는 것은 타당하다. 여기서 의미망과 어휘망은 구분되어야 한다. 어휘망은 어휘의 형태, 통사, 의미들을 포괄하는 다양한 관련성을 보여주는 것인 반면 의미망은 어휘의 의미가 관련된 의미들이 이루는 망 속의 특정 범위에 의해 규정되는 집합적 개념이다. 따라서 어휘망을 통해 드러나는 관계는 매우 복잡하다. 예를 들어 밥의 어휘망은 결합관계인 밥-먹다/짓다, 상하위 관계인 개체/음식/쌀밥, 동위 관계인 국 : 반찬 등 밥과 관련된 다양한 관계들을 모두 망라

---

53   이성범(2001 : 229)

다중의미

한다. 이러한 생각은 다의 연구자들의 연구 속에 암묵적으로 제시되어 있었지만 본격적인 논의를 하지는 못했던 것으로 보인다.

다중의미를 이루는 의미들은 서로 일정한 의미적 유연성을 지니고 있다는 것이 오래전부터 지적되어 왔다. 그리고 다의 연구의 많은 부분이 이러한 유연성을 밝혀내는 것을 중심으로 다루고 있다. 하지만 대부분 은유나 환유에 의한 의미적 유사성에 대해서만 다루고 있으며 다중의미 사이의 구체적인 관계에 대한 분석은 거의 없어 보인다. 다중의미적이라고 하는 것은 각각의 의미들이 관계를 가지고 있다는 것이며 일반적으로 어휘 간의 관계가 어휘와 맺는 개념들 간의 관계로 지시된다고 할 때 다중의미 관계 속에 있는 의미들 또한 개념들로 구성되어 있으므로 한 단어의 다중의미들이 가지고 있는 관계도 어휘 사이의 관계와 유사하게 관찰할 수 있다.

르네[54]에서도 형태가 같은 의의들이 유추에 의해 관계를 형성할 수 있다는 점을 지적하고 한 어휘장 안의 단어들 사이에서 발생하는 개념적 관계가 어의론에 관한 한 단어의 의미들 사이의 관계와 흡사하다는 점을 지적한다. 물론 그의 논의에서 다루는 관계들은 현저성, 연결 관계, 불명확성들이지만 관계에 대한 근본적인 인식은 같다.

여기서 더 나아가 머피[55]는 어휘 차원에서 논의되는 관계를 개념적 의미 차원으로 가져온다. 그는 의미관계에 대해 다음과 같이 주장한다. 첫째 의미관계는 언어 능력과 관련이 없다. 둘째 의미관계는 그들이 존

---

[54]   René(1999 : 49)

[55]   Murphy(2003/2008 : 244)

재해 있는 문맥들에 의존한다. 셋째 의미관계들은 단일의 관계 원리에 의해 예측할 수 있다. 즉 관계는 어휘적 단어 지식이 아니라 단어들에 관한 개념적 지식으로 이루어진다. 또한 만약 동의관계가 단어들 사이의 관계라면 우리는 그것을 동일한 또는 유사한 단어들이라고 기술할 수 있을 것이나 우리가 동의관계를 의미들 사이의 관계로 취급하면 동의관계는 동일한 또는 유사한 의미의 문제가 된다고 지적한다.

이처럼 어휘 사이의 관계와 의미 사이의 관계는 구분해서 논의해야 하며 어휘와 의미를 다 : 다 관계로 보는 관점에서 어휘에 대응되는 의미들의 관계를 파악하는 것이 어휘 의미를 연구하는 데 중요한 부분이 될 수 있다.

다의관계를 논하며 의미관계를 설명한 임지룡[56]은 어휘 의미관계의 전체 체계 내에 계열관계와 결합관계 이외에 의미의 복합관계를 설정하여 그 가운데 다의관계를 제시하고 이때 다의관계는 하나의 어휘 항목(lexical)이 둘 이상의 관련된 의의(sense)를 지닌 것으로 정의한다.

이와는 달리 김광해[57] 등은 다의 현상은 단일한 어휘소 하나에 관련되는 의미 현상이라는 점에서 의미관계에 관한 논의에서 배제되어야 한다고 주장한다. 전통적인 의미관계는 단독으로 의미를 확립시키는 두 어휘 간의 관계를 가리키며 의미관계란 항상 복수의 어휘 사이에 얽혀 있는 관계[58]로 보기 때문이다. 이러한 주장은 결합되지 않고서는 그 의미 자체가 나타나지 않는다는 의미의 속성을 고려할 때 관계에 의한 결

---

56 임지룡(1992 : 211, 1998 : 216)

57 김광해(1990 : 33-38)

58 이승명(1981 : 549)

다중의미

과적 측면을 간과한 것이다.

이에 대해 남경완[59]은 다의 내부의 의미들 사이의 관계는 파생된 것이므로 다의관계로 지칭하는 것이 적절하지 않다고 지적하면서 이들은 다의 파생에 의한 어휘소 내부의 의미관계로서 어휘소 외부에서 나타나는 계열과 결합의 의미관계와 구분해야 한다고 주장한다. 다의관계를 어휘소 내부의 의미관계로 파악한 것은 다의 현상이 단일 어휘 내부에서 일어나는 것으로 보았기 때문이다. 어휘의미론의 입장에서 다의를 단일 어휘가 갖고 있는 어휘적 특성으로 수렴하기 위해서는 어휘소 내부에 다의적 의미를 포함시킬 수밖에 없다. 하지만 다의관계는 엄연히 어휘들 사이의 결합을 통해 생성되는 것으로 파악하는 것이 옳다. 다의가 동일 어휘의 의미로 존재하는 것이 아니라 결합되지 않고서는 실현되지 않는다는 점에서 어휘 외부에서 결합을 통해 존재하는 것으로 보아야 한다는 것이다.

다의관계라는 명칭에 대한 적절성 논란의 핵심은 관계가 반드시 구분되는 둘 이상의 대상이 존재해야만 성립되는 것에서 발생한다. 전통적인 의미에서 하나의 어휘는 하나의 의미를 갖고 있다는 것을 전제로 하고 있으며 따라서 어휘와 의미가 동일시된다. 이러한 관점에서 다의는 의미관계로 성립될 수 없다.

하지만 어휘가 단일한 의미를 갖지 않는다고 보면 어휘 내부에 존재하는 의미들이 관계를 갖지 못할 이유가 없다. 더구나 이들 의미는 구분되는 어휘로 실현되는 것을 통해 알 수 있다. 실제로 어휘의 의미는 단

---

59   남경완(2005 : 154)

일하지 않으며 어휘의 관계 또한 다차원적이고 다중적으로 관계를 가질 수 있다. 다중의미의 존재는 어휘 차원과 의미 차원의 범위가 다르다는 것을 보여주는 것이며 어휘 차원과 의미 차원을 구분하여 다루어야 한다는 것을 말해준다. 다만 다중의미는 어휘 의미의 기본적 속성이므로 다의관계라는 표현은 오해의 소지가 있을 수 있다. 따라서 의미관계라고 할 때 우리는 의미들 사이의 관계를 말해야 하며 이는 어휘관계와는 구분되는 용어로 사용해야 할 것이다. 이에 따라 어휘관계는 동의어관계, 반의어관계, 상하의어관계 등의 용어를 사용하는 것으로 동의관계, 반의관계, 상하의관계 등의 의미관계와 구분해서 사용해야 한다.

의미관계는 의미 사이의 관계를 말한다. 어휘는 각각의 의미에 따라 질서 정연하게 구조화되어 있으며 이를 의미관계가 보여준다. 이러한 관계는 다중적이고 동시적이어서 많은 관계가 동시에 유지될 수 있다는 특성이 있다. 의미관계는 의미 단위들 사이의 관계이며 다양한 연속적 층위를 가진 의미의 단위들이 존재한다. 의미관계의 커다란 두 축은 계열과 결합으로 구성되며 이 둘은 각기 내적인 결속력을 발생시킨다. 다중의미 현상이 의미관계를 가지고 있다는 것은 의미가 관계를 통해 조직되어 있다는 강력한 증거가 된다.

● 다중의미관계

전통적으로 의미관계란 기호 내용 사이의 관계(언어 대 언어)이며 이는 어휘로 표현되는 기호 내용 사이의 관계를 말하기 때문에 지시관계와 차원이 달라지게 된다.[60] 따라서 이들은 의미관계가 아니라 어휘관계라고 해야 더 적절한 말이 된다. 이는 하나의 어휘가 하나의 의미를 가지고 있다는 것을 전제로 한 것으로서 하나의 어휘가 여러 의미를 가지고 있다면 어휘 안의 의미들 간의 관계로 치환되게 된다. 어휘의 관계가 아닌 의미관계를 이야기하기 위해서는 우선 어휘 속에서 이루어질 수 있는 관계를 살펴보아야 할 것이다. 이를 위해 어휘와 연결되는 의미의 구조를 살펴볼 필요가 있다.

기호는 일반적으로 이항적 혹은 삼항적 구조를 갖는다고 생각한다. 소쉬르는 이항적 구조로 설명했으며 이후 많은 학자들은 삼항적 구조로 설명을 하였다. 일반적으로 의미 삼각형으로 대표되는 기호의 구조는 개념을 통해 지시와 연결된다. 여기서 기호가 의미하는 것은 단순히 개념만을 생각할 수 없으며 언제나 지시와 개념을 아울러 생각해야 한다. 기호와 지시된 언어 외적 현실과의 관계는 지시관계이다. 이 둘을 아울러 고려하는 것은 의미를 구분하는 데 있어서 중요하며 의미를 구분하는 기준이 될 수 있다는 것은 의미관계를 파악하는 데에도 중요하다는 말이 된다. 구분되는 의미란 결국 두 의미가 공시적인 관계를 형성하고 있다는 것을 보여주기 때문이다. 지시와 개념의 두 영역을 고려한 의미 설명은 명칭론과 어의론이라는 두 방향성을 가지며 이는 내적 의미와 외적 의미라는 의미의 이중성을 보여주는 것이 된다. 지시는 명사에 있어서는 명명을 보여주며 동사는 사건과 대응한다. 이러한 과정에서 우연한 동음이의어나 새로운 의미의 축적이 발생할 수 있다. 어휘적 명명

---

60   Coseriu(1985 : 122)

또한 불안정하며 열린 집합으로 구성된다.[61]

의미관계에 대한 정립을 위해 김광해[62]는 그동안 의미관계에 대한 적절한 기준이 제시되지 못하였다는 점을 지적하면서 기호와 개념, 지시체의 구별을 통해 관계 유형을 구분한다. 또한 동음이의와 다의는 관계가 아니라 현상이라는 점을 지적한다. 그가 지적한 의미관계의 기준은 오그덴과 리차즈[63]의 어휘소에 대한 삼원론적 관점에 기반하고 있다. 성광수[64]도 의미관계(semantic relation)는 대상에 따라 어휘와 문장의 의미관계로 구분할 수 있고 어휘의 의미관계도 다시 명칭(name)과 의의(sense), 의의(sense)와 의의(sense)의 관계로 나누어 생각할 수 있다고 주장한다. 그는 어휘의 경우 명칭과 의의의 관계는 어휘소로서 단어의 명칭과 의미소로서 의미 내용과의 관계에 있어 서로 같거나 아니면 그 상대적 다과에 따라 단어성, 다의성, 동음성 또는 동의성 등의 의미관계를 살펴야 하고 의의와 의의의 관계로는 상하의 관계 등이, 그리고 문장의 경우에는 단정(assertion), 전제(presupposition)와 함의(implication) 등의 관계가 구명되어야 할 것이라고 주장한다. 이러한 주장은 의미 또는 의미관계에 대해 논의할 때 개념적 차원과 지시적 차원을 고려하는 것이 중요하다는 것을 지지해 준다.

---

61   Tamba(1988/2009 : 61)

62   김광해(1989, 1990)

63   Ogden & Richards(1923/1986)

64   성광수(1999, 2001)

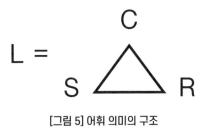

[그림 5] 어휘 의미의 구조

정리해 보면 [그림 5]와 같이 어휘 L은 기호 S와 개념 C, 그리고 지시 R로 구성된다. 기호의 관점에서 가능한 관계를 살펴보면 이들은 기호 사이의 관계와 개념 사이의 관계 그리고 지시 대상 사이의 관계로 구분할 수 있다. 기호 사이의 관계는 지시 대상이 같거나 개념이 유사한 경우[65]이며 개념 사이의 관계[66]는 개념의 기본적인 대립 상황에 따라 다양하게 나타난다. 이는 동일 지시 대상을 이해하는 시각과 관점, 인식 태도에 따라 결정되는 대립적 의미를 나타낸다. 지시 대상 사이의 관계는 다른 지시 대상들이 동일한 개념으로 통합되거나 동일한 지시 대상이 구분되는 개념으로 분리되는 경우 등으로 볼 수 있다.

우리는 하나의 형태와 관련된 다양한 의미들에 관심을 두기 때문에 기호적 형태를 고정한 채 나머지 두 점들에 대해 관심을 집중하기로 하자. 그러면 이제 개념들 간의 관계와 지시들 간의 관계 그리고 개념과 지시 사이의 관계로 구분된다. 이들은 각기 개념의 유사성과 지시의 유사성을 구분하며 이를 통해 다중적 의미들이 구분된다. 개념 사이의 관계

---

65   김광해(1989 : 112)

66   김광해(1990 : 37)

는 지시 대상을 통해 이루어진 특정한 개념들을 통해 형성된다. 개념은 지시 대상들을 범주화하며 분류하는 기준을 제시한다. 인간은 자연에 존재하는 수많은 동물, 식물, 광물, 천체, 사건, 현상들을 서로 간에 유관한 것과 무관한 것으로 구분한다. 또 유관한 대상들은 그 관계가 얼마나 밀접한지 밀접하지 않은지에 따라서든가, 혹은 그 관계가 상하로 배치될 수 있는 것인지에 따라 적절히 분류한다. 이처럼 인간은 관점과 기준에 따라 세상을 나누고 재배치하므로 지시 대상 사이의 관계는 인식론적 존재 양상이라고 말할 수 있다.

이제 기호 형태가 동일한 것에 대해 생각해보면 [그림 6~8]과 같이 개념적 차이를 갖는 경우, 지시적 차이를 갖는 경우, 개념과 지시 모두 차이를 갖는 경우로 구분이 가능하다.

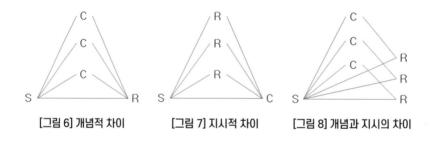

[그림 6] 개념적 차이   [그림 7] 지시적 차이   [그림 8] 개념과 지시의 차이

이러한 구분에 따라 동일한 형태에 관련된 다중적 의미에 대해 생각할 수 있는 관계는 '개'가 사람과 동물을 각각 지시하는 것처럼 개념이 같고 지시가 다른 경우, '물고기'가 생물 또는 음식으로 다르게 인식되는 것처럼 지시는 같지만 개념이 다른 경우, '은행'처럼 개념과 지시가 모두 다른 경우로 살필 수 있다.

다중의미

ㄱ. 개념이 같고 지시가 다른 경우	:	개	<	사람
				동물
ㄴ. 개념이 다르고 지시가 같은 경우	:	물고기	<	생물
				음식
ㄷ. 개념과 지시가 모두 다른 경우	:	은행	<	열매
				기관

(ㄱ)은 동일한 개념이 범주적으로 다른 지시 대상에 적용되는 경우이며, (ㄴ)은 동일한 지시 대상이 서로 다른 개념 범주에 속한 경우이고, (ㄷ)은 지시 대상도 개념 범주도 서로 다른 차원에 속한 경우의 예이다. 이처럼 어휘의 의미관계를 고려할 때 위와 같은 세 가지의 경우를 함께 생각해야 할 필요가 있다.

다중의미의 이러한 성격은 다중의미 양상이 왜 그렇게 복잡하고 혼란스러운지에 대한 실마리를 보여준다. 다중의미를 이해하기 위해서는 단순히 개념적 차원만이 아니라 지시와 관계된 차원도 함께 고려해야 하며 이러한 구분은 그동안 혼란스러웠던 다중의미 양상을 이해하고 정리할 수 있도록 하는 기준이 될 수 있을 것이다.

의미의 특성을 밝히는 것과 의미 사이의 관계를 찾아내는 것은 서로 분리될 수 없으며 양자의 상호작용에 의해 이루어진다.[67] 이에 따라 어휘의 의미 구조를 파악하는 것은 곧 각 개별 의미의 의미 특성을 찾기 위해 끊임없이 의미관계의 양상을 검토하는 과정과 같다. 이 속에서 다중

---

67   남경완(2008 : 66)

의미는 은유, 환유, 제유의 개념화 원리를 통해 생성되며 이들은 의미관계 질서로 모델화될 수 있다.

울만[68]에서는 두 개념 간의 비교 대조 원리로 공간적으로 인접한 접근율, 시간적으로 연결된 접속율, 사물 혹은 개념이 상호 유사한 유사율, 사물 혹은 개념이 상호 간 반대 대립되는 성질을 갖는 반대율을 제시하며 이들이 언어활동에 절대적으로 반영된다고 주장한다. 이처럼 관계에 기반한 추론은 다의를 해석하는 가장 중요한 규칙에 속한다.

어휘가 다중의미적이라고 할 때 그 안의 모든 의미들이 서로 내적 관계를 갖거나 어떤 일반성을 갖는 것은 아니다. 이는 다중의미의 관계가 전통적으로 생각했던 핵의미 구조가 아니라 그물망 구조로 구성되어 있다는 것을 의미한다. 따라서 이 연구는 관계로 얽힌 의미 집합 속의 의미들 사이의 관계를 논의할 것이다.

● 다중의미관계 구성의 방식

이 글에서 의미관계라는 용어를 사용하여 관계를 구분하는 데에는 일반적으로 사용하던 용어들을 이용한다. 하지만 의미관계로 사용하던 개념은 원소적 자질을 통해 기술되었던 것이었으며, 앞에서 우리는 이미 원소적 의미 기술의 부당성에 대해 논의했으므로 여기에서는 대안적 방안을 제시할 것이다. 그 방법은 머피[69]가 제안한 대조에 의한 관계 (Relation by Contrast : RC)이다. 대조에 의한 관계란 어떻게 구분되는가

---

68   Ullman(1962 : 173)

69   Murphy(2008)

를 아는 방식이다. 다중의미를 우리가 구분되는 의미로 인식하고 사용한다는 점에서 대조 원리는 광범위하게 사용될 수 있다. 우리가 무언가를 안다는 것은 곧 차이를 인식한다는 것이며 그것은 두 대상에 대한 대조를 통해 알 수 있는 것이기 때문이다. 이런 점에서 대조는 인간의 기본적인 인식 방법이라고 할 수 있다. 무엇이 같고 무엇이 다른가에 대한 구분은 어휘의 의미들을 구분하는 방식에도 적용될 수 있다. 의미는 구별에 의해 기술되며 따라서 대조 원리가 의미관계 형성의 기준이 되는 것은 타당하다. 이것이 가능한 이유는 차이가 유사성을 기반으로 하기 때문이다.

머피[70]는 다양한 의미관계 유형들에 대한 통일된 접근방식을 포착하기 어렵다는 점을 지적하면서 모든 관계가 대조에 의해 이루어진다고 주장한다. 그에 따르면 대조에 의한 관계(RC)는 기존의 자질로 기술되던 관계 기술 방식을 대체할 수 있는 원리가 되는데 이는 관계를 이루는 집합들 안의 의미들이 최소로 다르다고 말할 수 있으며 관계는 이러한 차이에 근거하여 기술될 수 있기 때문이다. 어휘의 관계 집합이 많은 공통점을 가지며 각각의 그 관계들에서 관련된 항목들은 매우 유사하도록 요구받는다. 그래서 우리는 두 사물이 관련되어 있다고 말할 경우 유사하다고 말하는 것이며 이러한 유사성 요건들은 의미관련성 원리에 기본적이다. 다중의미들 사이의 관계는 어휘의 집합보다 더 유사할 것이며 이는 대조를 이용하여 다중의미관계를 설정할 수 있다는 것을 말한다. 대조에 의한 관계는 일반적이며 판단의 기준을 언급하지는 않는다. 즉

---

70   Murphy(2008 : 57-53, 86-87)

대상물들의 관련성이나 대조의 기준에 따라 가변적이라는 것이다. 그리고 관계들은 개념들 간의 관계가 되며 그 단어에 관해 알고 있는 것의 일부로 설명된다.

대조적 관계 기술에서는 의미에 대해 구체적으로 언급하기보다는 언어의 의사소통적 이용에 있어서 의미의 현저성과 관련성에 의존한다. 따라서 의미 유사성은 유사한 문맥적으로 관련된 특성들이라는 기준에 우선순위가 매겨지고 의미 차이는 하나의 문맥적으로 관련된 차이라는 기준에 우선순위가 매겨진다. 따라서 이러한 관계 기술은 모든 의미관계를 설명할 수 있을 정도로 일반적이다.[71] 이는 의미를 언제나 정확하게 한정하여 정의할 수 없다는 우리의 가정과 일치한다. 그리고 이를 통해 다양한 관계들의 포섭을 가능하게 한다.

의미의 관계가 대조를 통해 이루어지기 때문에 대조의 기준과 관점에 따라 다중의미 사용은 항상 비대칭적인 성격을 갖는다. 사람들은 언제나 경험에 기반하여 세상을 이해하며 이러한 방식은 사용상의 비대칭성을 낳는 원인이 된다.

어휘 결합과 의미 통합

● 어휘 결합

어휘 의미에 대한 내재적 관점과는 달리 비트겐슈타인[72]과 같은 용법

---

71   Murphy(2008 : 289)

72   Wittgenstein(1953/2016)

주의에서는 어휘의 의미란 정의될 수 없고 단지 그 용법만을 나열할 수 있다고 주장한다. 어휘 속에 본질적인 의미가 내재되어 있는 것이 아니라 사람들의 머릿속에는 그 어휘가 어떻게 사용되는지에 대한 사용방법만이 있다는 것이다. 라이온스[73]는 비트겐슈타인의 주장에 대해 의미의 존재와 의미성으로부터 물리적 또는 정신적 실체로서의 의미의 존재를 추리할 수 없다는 것을 말하는 것이라고 지적한다.

내재적 의미와 사용 의미라는 두 주장은 서로 상반되는 것처럼 보이지만 실제로 배타적이지는 않다. 어휘가 가지고 있는 용법이 바로 그 내재적인 본질적 의미가 될 수도 있기 때문이다. 여기서 중요한 것은 어휘들이 서로 결합하면서 새로운 의미가 생성된다는 것이며 그것은 어휘 속에 내재되어 있었다고 보기 어려운 것이다. 이러한 관점에서는 용법들의 세밀한 차이를 분석해야만 다중적으로 중첩된 의미의 층들을 확인할 수 있게 된다.

다양한 의미들의 양상을 파악하기 위해서는 의미들을 하나의 어휘 의미 속에 두려는 기존의 방법을 탈피하여 집합적 차원의 의미 구성체를 설정하고 맥락적 층위에서 의미를 설명해야 한다. 이러한 방식은 새로운 의미가 생성될 때마다 단일 어휘 범주 속에서 기술하고 설명해야 했던 기존 어휘의미론의 한계를 극복하는 방법이 될 수 있다. 맥락을 구성하는 가장 기본적인 층위는 바로 구 구성일 것이다.

예를 들어 '물을 끓이다'와 '라면을 끓이다'는 동일한 '끓이다'라는 동사가 사용되지만 물의 상태 변화와 음식의 창조라는 두 가지 다른 의미

---

73   Lyons(1981/1984 : 21)

로 해석된다. 이 경우 '끓이다'에 이 두 가지 뜻이 들어 있는 것이 아니라 다른 종류의 명사와 결합하는 과정에서 새로운 의미로 해석된다고 보아야 한다. 마찬가지로 '라면' 또한 '끓이다'의 의미에 영향을 받아 재료에서 요리로 변화한다. 일반적으로 먹다라는 동사의 의미로 기술되는 항목만 해도 다양하다. 먹다의 다의적 의미는 자동적, 타동적, 수동적 의미들로 확장되어 총 21가지로 구분된다.[74] 또한 사용 맥락에 따라 더 많은 하위 의미들로 구분될 가능성이 있다. 이렇게 다양한 의미들을 생성어휘론과 같이 먹다라는 한 단어 속에 내재한 특정한 의미에 의해 나타난 것으로 이야기하는 것은 무리다.

통사적인 관점에서 가다의 경우는 '에, 을, 로' 등의 다양한 명사구 논항을 취할 수 있다. 이처럼 다중 범주 논항을 취하는 경우에 대해 단의적 접근법에서처럼 일일이 다른 뜻을 가졌다거나 독립적으로 기술하는 것은 이들 사이의 관계와 규칙성을 보여주기에 적합한 방법이 아니다. 따라서 어휘가 가지고 있는 의미는 어휘 의미의 속성과 함께 결합할 수 있는 어휘에 대한 정보가 포함되어야 할 것이다.

이러한 생각이 성공하기 위해서는 어휘 간의 결합에 나타난 어휘의 의미적 요소를 파악해야 하며 어휘가 결합하면서 생성되는 의미의 양상을 밝혀내야 할 것이다. 이를 위해 어휘 요소의 내재적 의미를 기술하면서 동시에 어휘 요소들이 결합하여 발생하는 복합 의미를 함께 기술할 필요가 있다. 또 복합 의미를 기술하기 위해서는 의미를 구성하는 개별 어휘가 새로운 의미 생성에 기여하는지에 대한 설명도 포함되어야 한다.

---

[74]   이종열(2005)

동일한 어휘의 사용에 대해 우리가 의미가 다르다고 인식할 수 있거나 혹은 그렇게 인식하는 것은 바로 함께 사용되는 어휘에 달려있다. 이를 문맥의 한 종류로 칭할 수도 있는데 성격 또는 범주가 다른 어휘와 결합함으로써 새로운 의미로 해석되는 것이다. 어휘적 의미는 어휘의 결합을 배제한 채 이루어질 수 없다. 동사의 경우는 더욱 그러해서 그 자체만으로 어휘적인 의미를 결정할 수 없으며 결합을 통해서만 어휘적인 의미를 알 수 있게 된다.

의미적으로 문장을 이루어 가기 위해 결합이라는 구조를 형성하며 이 과정에서 어휘 자체의 의미가 부각되고 새로운 의미들이 생성된다. 일반적인 결합 구성은 예측 불가능한 것이 아니다. 우리는 그들 구성이 가능한 어휘의 범주를 예측할 수 있다. 이것은 아주 단순한 것이다. 전통적으로 이것을 선택제약으로 불러왔다. 생물학적으로 우리의 뇌 기능이 매우 단순한 뉴런들로 구성되어 있으며 이들의 복잡한 연결을 통해 복잡한 사고가 가능하다는 사실은 우리에게 시사해 주는 바가 크다. 결국 문제는 어떻게 연결되는가이다. 연결이 달라지면 의미가 달라진다. 이는 기존에 특정 어휘 의미의 측면으로 보았던 다의를 결합관계 속에서 생성 또는 선택되는 것으로 보아야 한다는 근거가 된다.

인접한 두 어휘의 결합적 의미는 결합의 정상성을 점검하는 것과 관련된다. 하지만 비정상적으로 보이는 결합이 가능한 이유에 대한 설명에 집중해야 한다. 이는 오스틴[75]의 화행이론에서 말하는 대화함축과 관련이 있다. 규칙의 오류는 특정한 의미를 위해 의도된 것이기 때문이다.

---

75   Austin(1975)

크루즈[76]는 촘스키의 'Colourless green ideas'는 그 자체로 무의미하지만 환경문제에 대한 논의 속에서는 이해가 가능하다고 주장한다. 이는 의미 통합은 어휘의 연속체가 아니라 해석의 연속체에 관여해야 한다는 것을 암시한다. 의미는 형태의 차원을 넘어선다. 형태와 연합하는 의미는 확률적으로 무한히 중첩된 다층적, 다차원적 존재이며 우리는 결코 고정된 어떤 것도 찾을 수 없다.

의미는 실제에 대한 기호적 환원이다. 수가 추상적으로 존재하듯이 의미도 마찬가지로 존재한다. 의미는 현실이며 실체이다. 하지만 그것은 그 자체로 대상이 되지 못한다. 의미는 추상적이므로 반드시 형태와 결합되어야만 확인할 수 있다. 의미의 결합을 이야기하기 위해서는 형태를 가진 어휘의 결합을 살피는 수밖에 없을 것이다. 의미는 형태와 문법을 변화시키므로 가장 중요한 것은 그러한 결과를 가져오게 한 의미를 찾는 것이다.

문법은 규칙을 설정하고 규칙에 맞게 적격한 문장을 만든다. 이는 적격한 구조와 형식의 문제이다. 그것을 문법성이라고 한다면 적격한 의미를 만드는 것을 의미성이라고 할 수 있을 것이며 적격한 의미를 만들어 내는 의미 규칙이 존재할 것이다.

어휘의 의미는 어휘의 결합을 통해서만 확인이 가능하기 때문에 두 어휘가 갖는 개념의 결합이 어떻게 특정한 의미를 선택하거나 발생시키는지 살펴야 한다. 이는 용법들의 세밀한 차이를 분석하여 다중의미의 층들을 확인하고 그들이 맺고 있는 관계를 찾는 것뿐만 아니라 그들이 하나

---

76   Cruse(2000/2002 : 385)

다중의미

의 의미로 선택되어 사용될 수 있도록 하는 작용을 살피는 것을 말한다. 어휘 의미의 연구는 다중의미들이 개념들 간의 관계로 구성되어 있다는 것을 확인하는 것에서부터 이러한 개념들의 집합 속에서 특정한 의미들이 어떻게 선택되고 드러나는지 살피는 것으로 나아가야 할 것이다.

● 의미의 통합

일반적으로 언어는 '단어 < 구 < 절 < 문장/발화 < 텍스트/담화' 등으로 구성되는 계층적 구조로 분석하며, 의미 구조는 의미 특성들의 목록과 결합을 통한 구성으로 이루어진다. 의미의 구조 또한 언어와 동일하게 체계적인 단계를 구성한다. 하지만 언어가 작고 단순한 층위에서 결합을 통해 더 크고 복잡한 층위로 나아가는 것과는 달리 의미는 선조적으로 결합되어 나타나지 않는다. 의미는 요소들의 선적 배열이 아닌 통합적 결과로 파악된다. 따라서 단순히 순서대로 결합하여 의미를 계산하려는 시도는 불가능하다. 이런 점에서 의미는 통사와 달리 해석되는 지점에서 독자적으로 의미 단위의 내적, 외적 구성요소들을 통합한다.

언어가 구성되는 층위에 따라 어휘 의미의 해석도 다르게 이루어진다. 단어 차원의 의미는 명세화되어 있지 않은 불분명한 상태로만 존재한다. 물론 이들 단어 형태는 지시와 연결될 수 있지만 그것 또한 추상적인 가능성일 뿐이다. 단어 결합과 문장 단위에서 의미는 통합적 구조에 연결되며 가장 분명한 의미 해석을 보여줄 수 있다. 그런 점에서 이들은 어휘 의미 해석의 최소 단위로 작용할 수 있다. 이들의 통합은 결합적, 계열적 관계의 경계를 모호하게 만든다. 계열적 선택축이 결합축에 투사되기 때문이다. 언어 구성의 각 단계에서 의미는 문맥과 상황적 지시에 의해 결정된다.

이들 의미들의 층위는 단순히 작은 단위 의미들의 합으로 구성되지 않는다는 문제가 있다. 일반적으로 의미는 개별적 어휘와 밀접하게 관련되어 있다고 생각한다. 하지만 실제 의미는 그렇게 단순하지만은 않다. 의미는 작은 단위가 결합하여 더 큰 단위로 조직화된다([그림 9]). 이때 의미는 결합하는 구성 의미의 합이 아닌 새로운 의미를 구성하게 된다. 즉 의미 A와 의미 B의 결합은 의미 AB가 아닌 C라는 새로운 의미가 될 수 있다는 것이며 이때의 의미 층위도 어휘 의미 층위와는 다른 통합적 층위를 구성한다. 복합적인 의미는 단순한 두 개념을 포함하는 것이 아니라 매우 넓은 개념적 지식 기반에 의존한다. 사람들은 자신이 가지고 있는 세계에 대한 지식을 이용한 추론을 통해 의미를 정교화하고 새로운 의미들을 추가한다. 이 과정에서 의미에 대한 결정은 끝없이 지연되며 새롭게 시작하거나 수정된다.

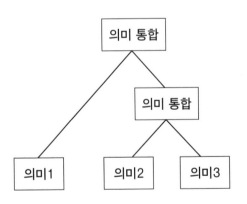

[그림 9] 의미 통합 층위

다중의미

최상진[77]은 독립된 의미단위로서 문장의미를 형성하는 구성요소들은 의미성분상으로 서로 분리될 수 없는 하나의 성분 결합체로 받아들여진다면서 문장단위 결합에 화맥을 첨가하여 설명한다. 이는 분석적 문장과 다른 종합적 문장을 설정하여 결합으로 생성되는 문장의 새로운 의미를 관찰하고자 한 것이다. 이러한 관점에서는 부분으로 전체의 의미를 유추할 수 없으며 더 큰 단위 속에서 유추해야만 한다. 의미는 구조 체계 내에서 구성소를 이루며 결합하여 더 큰 의미를 구성하며 이 의미에 또 다른 의미가 결합하여 층위를 형성하게 된다. 이때 결합하는 의미는 단순히 어휘 의미만이 아니며 구조 외부의 맥락적 의미와도 결합할 수 있다([그림 10]).

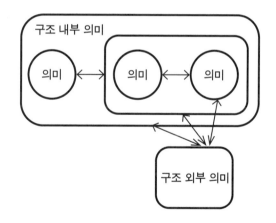

[그림 10] 의미 통합 양상

---

77   최상진(1999)

의미의 통합은 구조 내부의 요소들 간의 결합으로 구성된 의미에 구조 외적 요인이 관여함으로써 생성된다. 그리고 통합된 의미 전체는 그 자체로서 독립적 의미를 구성한다. 어휘는 홀로 쓰이지 않기 때문에 결합을 통해 나타나는 의미에 대한 분석과 그 이유를 설명하는 것이 더 현실적이다.

구성에 의해 의미가 결정되는 모습을 살펴보자. 예를 들어 꽃과 지다라는 단어가 개별적 어휘로 존재할 때는 범주적 속성 이외에 다른 의미를 전달하지 않는다. 이들이 '꽃이 진다'처럼 서로 결합하여 특정한 사건을 구성하며 '술잔에 꽃이 진다'거나 '나무에서 꽃이 진다'와 같은 세분화된 사용으로 더욱 명세화된 사건을 보여준다. 그늘과 지다라는 단어의 결합은 의미 확장 양상을 보여준다. 꽃과는 다른 범주 명사인 그늘과 결합하면서 "그늘이 졌다."라는 다른 의미를 나타내며 "얼굴에 그늘이 졌다."와 같이 얼굴이라는 명사와 결합하면서 성격이 다른 새로운 의미를 생성해 낸다.

이처럼 개별 단어들은 구 또는 문장과 같은 결합적 차원에서 통합적으로 의미를 형성하며 이들은 맥락을 통해 조정된다. 이때 개별 단어의 의미와 전체 의미는 순차적으로 이해되지 않으며 결합과 동시에 결정된다. 따라서 어휘의 결합은 단순한 결합이 아니라 그 자체로 하나의 독립된 의미 단위체로 작용하며 의미는 결합을 통해 명세화된다.

독립된 단어의 의미는 존재하지 않는다. 우리가 무언가의 의미를 안다고 할 때 그것은 곧 관계를 아는 것이다. 다양한 의미들의 결합이 다양한 의미들을 드러내고 이것은 결국 하나의 의미로 보이는 것이 무수한 의미를 내포할 수 있다는 것을 말해준다.[78] 의미는 결합적 관계를 통해 자기조직화하여 의미를 형성한다는 것이다. 최상진[79]에서는 합성어의 의미를 논하는 자리에서 인지심리학의 게슈탈트(Gestalt)를 동양의 전통적 유기체적 사고와 결합하여 인식하고자 하는데 이러한 생각은 의미가 다차원적 통합체라는 것을 뒷받침해 준다.

인지의미론적 관점에 의하면 모든 언어 표현은 문맥에 지배받는다. 의미는 문법 표현에 영향을 미치며 더 큰 구문에서 다른 요소들과의 상호작용을 통해 파악된다. 어휘는 이미 하나의 개념으로 조직화되어 있기 때문에 그 내부는 무수한 의미들의 조직으로 구성되었다고 하더라도 구성소의 일부인 단일 의미로 기능하며 어휘가 갖는 의미는 단순한 범주적 정보들로 구성되어 있다고 본다.

더욱 중요한 것은 해석의 과정에서 사람들이 의미를 선택한다는 것이다. 일반적으로 선택은 두 어휘가 관습적으로 사용됨으로써 획득한 의미적 경향이다. 선택은 잠재적으로 양방향적이며 선택자와 피선택자 사이에 분명한 구분은 없다. '배가 튼튼하다'에서 '튼튼하다'는 '배'에 대해 다른 가능한 해석인 신체의 일부 혹은 과일의 의미를 배제하며 '배'는 '튼튼하다'에 대해서 건강의 의미를 배제한다. 두 어휘의 결합에서 각 어휘는 하나 이상의 해석이 가능하지만 교호적 해석만이 선호된다.[80] 문법적 선택제약과 관련하여서 방향성을 갖는 통사적 술어와 논항의 범주 구조는 비대칭적이다. 하지만 이는 의미 기여에 도움이 되지 못한다. 단

---

78   최상진(2008 : 79)

79   최상진(2002)

80   Cruse(2000/2002 : 393)

지 의미핵(semantic head)과 의미 의존체(dependant)의 구분일 뿐이다.

어떤 어휘가 다른 어휘를 더 선호한다는 것은 상식적이다. 이는 연어적 정보로 간주되며 언어 외적 요인에 크게 의존한다. 결합관계에 중점을 둔 연어 연구에서는 연어인가 아닌가 하는 구분이 중심적인 논의를 차지한다. 하지만 김진해[81]가 주장하듯 연어관계는 두 어휘가 결합하는 구성을 지칭하는 것이므로 실제로 모든 어휘는 연어관계를 갖는다고 보아야 한다.[82] 예를 들어 '눈이 높다'는 연어이고 '코가 높다'는 관용표현이지 연어가 아니라고 보거나, '옷을 입다'는 연어이고 '옷을 벗다'는 자유구성이라고 구분하는 것[83]에 대해 김진해[84]는 자주 결합하므로 둘 모두 연어구성이라고 본다. 그는 또 마찬가지로 '밥을 먹다'가 통계상 자주 결합하면 연어구성이 된다고 보는데 '밥'이 식사라는 의미로 바뀌었으면 연어구성이고 직설적 의미의 밥(rice)만을 의미하면 연어구성이 아니라고 하기는 어렵기 때문이다. 같은 맥락에서 '배가 고프다'의 '고프다'가 명제적 의미의 유의어나 개념적 차원에서 유의어를 찾기 쉽지 않기 때문에 연어로 보되 연어성이 떨어진다는 판단[85] 또한 자의적으로 본다.

우리는 결합 구성이 연어인가 아닌가에는 관심을 갖지 않으며 결합을 통해 어떤 의미들이 생겨나는가에 주목한다. 엄밀한 의미에서 자유결합은 존재하지 않는다. 모든 결합은 범주적 결합 제약을 가지며 범주

---

81   김진해(2007)

82   Sinclair(1991), Stubbs(1996), Heey(2005)

83   임유종(2006), 유승만(2006)

84   김진해(2007 : 235-36)

85   임근석(2006 : 79)

다중의미

한정성에 따라 더 제약적이거나 덜 제약적인 것이 있을 뿐이다.

관용어는 일반적인 의미의 결합 과정과는 차이가 있다. 관용어와 같은 경우는 어휘 층위를 넘어선 더 큰 담화 층위에 맥락과 결합하여야만 해석이 가능하다. 즉 좀 더 상위 층위의 문맥적 결합을 통해 의미가 발생되며 관용어 자체가 하나의 형태 · 통어적 단위로 역할을 한다는 점에서 다른 통합관계와 차별적이다. 관용어는 이런 점에서 합성어나 파생어의 의미 구조와 유사하다. 그렇다면 관용어는 의미적 파생어 내지는 합성어라고 보는 것이 합당하다. 합성어는 결합적 의미의 어휘화로서 하나의 어휘적 단위로 기능하는 의미 단위이기 때문이다.

범주가 다른 요소들이 결합하게 되면 당연히 범주간의 상호작용이 발생하게 된다. 만약 범주 결합 규칙이 있다면 문법의 경우는 비문을 만들어 내겠지만 의미 통합의 경우에는 해석을 강요하게 된다. 해석을 강요하는 과정에서 은유와 환유가 발생하며 이를 통해 적절한 의미로 해석되도록 만든다.

합성어도 관용어도 아닌 순수한 구적 층위에서만 관찰할 수 있는 예들은 어휘 통합적인 의미 파악으로만 알 수 있는 것이다. 랑가커[86]는 활성지역(active zone)이라는 개념을 통해 이러한 관찰을 한다. 예를 들어 '빨간 모자', '빨간 책', '빨간 사과', '빨간 수박', '빨간 펜', '빨간 눈' 등은 모두 수식되는 명사의 다른 부분들을 지시하는데 '빨간'이라는 수식어와의 결합에 따라 후행 명사의 의미는 전체 혹은 부분 또는 내부, 속성 등 다양한 의미로 해석된다.

---

86   Langarcker(1987)

이러한 양상은 합성어를 구성하는 경우에도 찾아볼 수 있다. '면'과 결합하여 이루는 합성어는 '자장면'처럼 요리의 종류를 의미하거나 '메밀면, 당면, 소면'처럼 면의 종류를 의미하기도 하며 '라면'이나 '쫄면'처럼 둘 모두를 의미하는 경우도 있다. 이들도 모두 선행 어근의 의미는 후행 어근의 의미와 결합하여 다양한 의미들을 생성해 낸다. 이러한 양상은 결합 과정에서 의미 범주의 다양한 하위 범위를 한정하여 나타낸다는 것으로 설명해야 한다.

상위 층위로 갈수록 의미의 유연성이 높아지며 해석 또한 다양해진다고 생각하지만 실제로 구나 절 문장 층위에서 단어의 해석이 오히려 더욱 한정적으로 된다는 것은 결과적으로 각 층위에서 어휘 의미가 독립적 단위로 작용한다는 것을 말해주며 개별 어휘는 각각이 가지고 있는 정보에 대해 구체적으로 명세화하지 못하며 결합을 통해서만 명세화된 의미를 드러낼 수 있다는 것을 보여준다.

의미 통합은 닫힌 기능으로 작용하는 것이 아니며 다양하고 새로운 의미들을 유추하도록 요구한다. 따라서 결합하기 이전에 어휘가 어떤 의미로 사용될지에 대한 예측은 불가능하다. 하지만 사람들이 사용하는 추론의 방식은 이해할 수 있으며 이들을 이용하여 설명이 가능할 수 있을 것이다.

다중의미의 생성

● 체계적 의미 생성

한 단어가 어떻게 다양한 의미들을 갖게 되는지에 대한 결론은 체계성(systematic)과 관련된다. 만약 다중의미 생성의 방식에 구조적이거나 체계적인 면이 없다면 우리가 짊어져야 할 의미에 대한 부담이 엄청나게 커야 할 것이다. 따라서 다중의미 생성 방식에 구조적이거나 체계적인 부분이 존재할 것이며 사람들은 그러한 방식들을 통해 다중의미를 생성해 내는 것이 가능할 것이다. 이는 무한한 의미들을 일일이 가르기 위해 노력해야만 하는 헛된 수고를 덜어주며 의미의 이해와 사용에 대해 알 수 있는 유용한 실마리들을 제공할 것이다. 여기서 말하는 체계성은 의미 자체가 가지고 있는 규칙은 아니다. 의미가 개념적 차원에서 논의될 수 있다고 할 때 그 개념을 만들어 내는 개념화 원리로 보아야 할 것이다. 그런 점에서 이들 체계적 원리들은 언어적이라기보다 개념적이다. 또한 이들 개념화 원리는 의미관계를 형성하는 체계적 기반으로 작용한다.

이제까지 다의를 연구한 많은 논의에서는 다의를 예외적 현상이나 개별적인 것으로 다루는 경향이 있었다. 하지만 다의성은 자의적이지 않다. 다의를 생성해 내는 체계적 원리에 대해 본격적인 논의가 이루어진 것은 생성어휘론 연구에서였다.[1] 물론 그 이전부터 다의를 체계적인 방식으로 논의하려는 시도들이 있었다.

초기 의미론 학자인 다메스떼떼르[2]나 브레알[3]에서는 의미 변화의 기본적인 유형으로 은유, 제유, 환유 등을 들고 있다. 이들은 수사학적인 관점에서 통시적 의미 변화에 의한 결과를 보여주기 위한 방법으로 유형을 이용했다는 점에서 이곳에서 다루는 체계성과는 관점이 다르다. 아프레시안[4]은 러시아어 분석을 통해 어떤 단어들이 두 개 이상의 의미를 가지고 둘 이상의 의미 사이에서 관련성이 유사할 때 이것을 정규적 다의성(regular polysemy)이라 하였다. 그의 정규적 다의는 의미 유형 사이의 관련성을 표현한 것으로 생산적이고 예측 가능하여 일종의 단어

---

1   Jackendoff(1976), Pustejovsky(1995), Copestake & Briscoe(1995)
2   Darmesteter(1886/1963 : 36)
3   Bréal(1897)
4   Apresjan(1974)

형성과 같은 규칙으로 간주하였다. 하지만 그가 제안한 정규적 다의는 관습적으로 굳어진 유형들을 지칭하는 것으로 의미를 생성해 내는 원리와는 거리가 있다. 리치[5]는 단어형성규칙(word formation rule)과 의미전이규칙(meaning trasfer rule)을 통합하여 모두 어휘 규칙으로 다룬다. 이는 규칙이 기저형을 설정하고 여기에서 전이된다고 보았기 때문이다.

체계적 다의성에 대한 고려는 어휘사전과 밀접한 관계를 갖는다. 인간의 머릿속 사전에 정해진 어떤 것이 있다는 가정을 통해 나타나게 된 것이다. 그래서 체계적 다의는 불변하는 고정된 의미를 가지고 있는 의미로 간주되었다. 하지만 체계적 다의에 대한 이런 관점은 관습화된 의미만을 고려하므로 의미 생산을 설명하기 어려우며 오히려 어휘화되고 고정된 의미를 구분해 놓은 것에 불과한 것처럼 보인다. 체계화된 원리의 적용을 통해 공시적인 생성을 가능하게 해야 한다는 점에서 이미 화석화된 의미를 체계적이라고 부르는 것은 모순이 된다. 따라서 체계적이라는 것을 말 그대로 원리가 적용되어 언제나 어디서나 의미를 생산해 낼 수 있는 방법으로 고려해야 한다. 그리고 이러한 의미를 생성해 내는 원리로 상정할 수 있는 가장 강력한 후보는 바로 은유와 환유일 것이다. 은유와 환유는 인간의 개념화 원리로서 일반적이고 강력한 기제로 작용하기 때문이다.

예를 들어 동물을 은유적으로 인간을 지시하는 데 사용하는 것은 매우 생산적이고 체계적이다. 여기서 사용되는 돼지, 개, 쥐와 같은 동물들은 실제 그 단어가 지시하는 개체들의 자체 속성이라기보다는 그것과

---

5   Leech(1974)

관련해서 사람들이 부여한 특징에 의한 것이라고 할 수 있다. 특정한 장소가 그에 속한 사람을 의미하는 환유의 경우도 마찬가지이다. 사물이 행위주로 출현하게 되는 것은 일반적이며 예측 가능하기 때문이다.[6] 이러한 예들은 빈번하며 일상적으로 사용하는 예들이다. 테일러[7]나 랑가커[8] 등 많은 인지언어학자들은 다의어 의미들이 서로 체계적인 은유와 환유 관계에 있다는 것에 동의하며, 눈버그[9]는 체계적 다의어는 단어의 사용 측면에서 생산적 생성을 할 수 있다고 주장한다. 레허러[10] 또한 다의어의 체계성 및 예측 가능성에 대한 가설적 의미 영역에 따라 어휘를 나누고 그것을 검증하기도 하며, 블랭크[11]는 다의 생성의 규칙으로 은유와 환유, 제유를 설정하여 논의하기도 하였다.

국내에서도 차준경[12]은 푸스테요프스키[13]의 논의를 따라 국어 명사에서 환유를 중심으로 하는 체계적 다의성을 설정하고 논의한다. 그는 체계적 다의성을 한 단어 형태가 문맥에서 둘 이상의 의미로 실현되는 것 가운데 두 의미 사이의 관계가 다른 단어에서도 나타나는 것으로 보고 이러한 예들을 중점적으로 분류하였다.

앞서 살핀 대부분의 다의 체계에 대한 논의는 환유를 중심으로 한다.

---

6   차준경(2004 : 20)

7   Taylor(1989)

8   Langarcker(2002)

9   Nunberg(1978)

10   Lehrer(1990)

11   Blank(2005)

12   차준경(2004)

13   Pustejovsky(1995)

다중의미

하지만 체계성을 보이는 것은 환유만이 아니다. 은유와 환유는 세계를 언어로 구조화하는 두 가지 중요한 방식으로 사용된다. 이들과는 성격이 다르지만 범주의 분류 또한 중요한 세계 이해의 책략이 된다. 이들은 모두 언어적이라기보다는 개념적이다. 따라서 개념적 은유나 환유, 분류 등은 다중의미를 생성해 내는 중요한 원리가 되며 이들 원리에 의해 체계적으로 다중의미를 생성하고 이해할 수 있게 된다. 많은 연구에서 이들을 관계로 설정하여 다의를 설명하고 있는데 이는 잘못된 것이다. 이들은 관계를 생성해 내는 규칙으로서 작동하는 인지적 기제이며 언어적 차원이 아니기 때문이다. 생산해 내는 규칙으로 작동하는 것을 관계로 부르는 것 또한 환유적이다. 관계는 '~에 의해' 생기는 것이며 여기서 관계를 만들어 내는 그것이 바로 은유와 환유 그리고 제유와 같은 규칙이다. 은유는 두 개념 사이의 내재적 유사성을 기반으로 하며, 환유는 두 개념 사이의 외적 인접성에 기초한다는 점에서 구분된다. 보통 환유의 일부로 논의 되던 제유는 개념들 사이의 인접성에 기반한다는 점에서 은유와 환유 모두와 다른 것으로 볼 수 있다.

● 은유

전통적으로 은유는 문학과 수사학의 주요 관심사였다. 전통적 은유는 정상적인 의미를 벗어나서 사용되는 새롭고 시적인 언어 표현으로 간주되었으며 문학적 표현의 정수로 인식되었다. 하지만 전통적 이론과 달리 레이코프와 존슨[14]은 은유는 언어만이 아니라 생각하고 행동하는 우

---

14   Lakoff & Johnson(1980 : 3)

리의 삶에 깊숙이 관련되며 우리의 생각과 행동의 개념 체계는 근본적으로 은유로 구성되어 있다고 주장하였다. 이후 많은 연구들에서 은유가 의미 확장과 추상적 대상을 인식하는 중요한 기제이며, 그러한 은유는 우리의 신체적 경험을 통해 이루어진다는 것을 확인하였다. 특히 개념적 은유는 언어의 문제라기보다는 사고나 개념 차원의 문제로 보게 되었다.

은유가 개념적 작용이라는 주장은 블랙[15]에서도 지적되었다. 그는 은유를 사용했을 때 우리는 다 같이 활동적이면서 서로 다르거나 또는 한 단어 한 구절에 의하여 보완되는 두 개의 사물에 대한 어떤 생각을 지니게 된다. 이때 그들의 의미는 그들 간의 상호작용 결과로서 생기며 은유에 대한 해석도 마찬가지로 활동적인 두 가지 사고의 상호작용을 통해 해석한다고 보면서 은유에 대한 상호작용론을 제안한다. 규칙적 다의성을 일반적인 개념화 원리에 따라 다중의미가 생성된 것으로 본다면 은유는 다중의미 생성 규칙의 하나가 될 수 있다.

레이코프와 존슨은 '삶으로써의 은유(Metaphors We Live By)'에서 은유를 통한 일상적 개념화 양상을 잘 보여준다. 그는 은유를 근원영역에서 목표영역으로의 체계적인 사상(mapping)으로 본다. 여기서는 은유가 수사적이거나 언어적인 것이라기보다는 사고과정이라는 개념적 체계에 속한 것이라고 강조한다. 이와 같은 은유는 내부적 계층성을 지니며 동일성을 기반으로 하는 틀 속에서 이해된다. 은유가 갖는 일반성은 기본적으로 신체적 경험에 기초하고 있기 때문이다. 우리가 사랑에 대해서 생각할 때 따뜻함이라는 개념을 떠올리는 것은 어린 시절부터 겪어온

---

15   Black(1962/1977 : 271~273)

다중의미

부모의 애정에서 비롯되며 이러한 경험은 사랑을 따뜻함으로 표현하도록 유도한다.

쾨벡세스[16]는 이러한 일차적(primary) 은유를 배우는 것이 선택의 문제가 아니라 무의식적이고 자동적으로 발생하는 것으로 본다. 보편적인 일차적 경험은 보편적인 일차적 은유를 발생시킨다는 것이다. 그는 이러한 은유적 개념화에 대한 보편성과 문화적 다양성을 제기한다.

은유는 두 대상 사이의 유사성을 인식하는 인지적 수단이다. 따라서 두 대상의 동일시를 통해 은유가 이루어지게 된다. 이러한 과정은 언어적 표현에 대해 맥락에 따른 적절한 해석을 강요한다. 이는 각기 다른 두 영역을 동일시하는 것으로 이루어진다. 이처럼 은유는 확립된 대상물들의 유사성이 아니라 비교와 동일시를 통해 새로운 유사성을 찾아내는 과정인 인지 작용 방식이다. 이런 점에서 은유는 현상이 아니라 표현을 위해 사용되는 체계적 원리로 설정하는 것이 타당하다.

개념적 은유의 대표적인 예로 존재론적 은유를 들 수 있다. 존재론적 은유는 물리적 물건이나 물질에 대한 경험을 통해 다양한 추상적 개념들을 표현한다. 실제로 물리적으로 지각할 수 없는 추상적인 대상을 표현하기 위해서 우리는 존재론적 은유를 사용할 수밖에 없다. 또한 우리가 잘 모르거나 이해하기 힘든 대상에 대해 쉽게 이해하고 알 수 있는 대상을 통해 이해하기 위한 방법들도 여기에 속할 수 있다. 이런 점에서 "정성을 담았다."는 '정성'을 물질로 표현하고 "나무는 물을 먹고 산다."는 '나무'가 동물과 같이 무언가를 '먹는'다는 개념으로 이해하며 "이번

---

16   Kövecses(2005/2009 : 27)

에는 반드시 학점을 따야 한다."처럼 '학점'을 구체물로 말하거나 "좋은 생각이 떠올랐다."와 같이 '생각'을 물속에서 솟아오르는 사물처럼 표현한다. 또 신체어의 경우 신체와 관련된 추상화된 의미들이 많이 사용된다. '머리가 좋다'의 '머리'와 '눈이 좋다'의 '눈'은 은유적으로 신체 부위가 아닌 지능과 눈썰미라는 다른 의미로 해석할 수 있다.

이와는 달리 개념의 한 영역에서 다른 영역으로 구조적인 사상을 보여주는 구조적 은유의 예들이 있다. 이들은 상태, 변화, 원인, 행동, 목적과 같은 사건의 다양한 양상들을 공유한다. 구조적 은유의 대표적인 예인 [사랑은 여행이다]라는 은유는 "함께 어려움을 넘어 목적지에 도착했다."와 같이 사랑이 여행으로 개념화되어 표현되며 [토론은 전쟁이다]라는 은유는 "상대방 주장의 약점을 공격하고 방어하고 이겼다."처럼 토론이 전쟁이라는 관점에서 이해되고 표현된다. [이론은 건축이다]라는 은유도 "이론을 세우고, 토대를 다지고, 다듬고 완성하였다."와 같이 추상적인 이론을 건축 과정을 토대로 이해하여 표현한다. 이처럼 구조적 은유는 두 영역 사이에서 체계적인 관계를 맺고 표현된다. 구조적 은유는 가장 구체적으로 체계적 은유의 양상을 보여주는 예라고 할 수 있다.

방향 은유의 예들은 방향의 상호 관련 속에서 개념적으로 조직화된 은유이다. 이들은 '안-밖, 앞-뒤, 위-아래, 중심-주변'과 같은 방향성과 관련되어 경험화된 물리적, 문화적 개념을 토대로 형성되는 체계적 은유이다. 일반적으로 '위'는 좋고, 세고, 건강한 것으로 개념화되고 '아래'는 나쁘고, 약하고, 부정한 것으로 개념화된다. 그래서 "내가 너보다 위에 있다.", "너는 한 수 아래다.", "인생이 바닥으로 추락했다."처럼 방향 은유는 상대적으로 개념들의 체계를 조직한다. 또한 방향에 대한 인식은 이동과 관련된 개념화를 만들어 낸다. 그래서 "우리는 미래로 가고 있다.", "지나간 일은 묻어둡시다."처럼 관찰자의 방위 기준을 중심으로 하는 대상에 대한 이해를 통해 다양한 표현을 할 수 있다. 이와 함께 시간에 대한 표현은 대표적인 방위 은유이다. 우리는 시간을 움직임으로 개념화하며 이러한 이동은 앞과 뒤의 방향을 지향하게 된다.

감각적 경험에 기반한 의미 전이는 대체로 감정이나 느낌과 관련되어 있어 주관적일 수 있다. 하지만 그러한 방식을 사용하는 것은 매우 일반적이다. "그녀의 목소리가 촉촉하다.", "눈빛이 파랗게 날이 섰다.", "우리의 사랑이 뜨겁다.", "손이 맵다." 같은 예들을 통해 우리는 상대의 감정이나 느낌을 쉽게 알 수 있다. 이처럼 감각적 은유 또한 이미지를 통한 체계적인 개념 사상이라는 점에서 다중의미 생성 규칙에 포함될 수 있다.

의인화와 반대로 사람을 동물이나 사물에 빗대는 방식과 같은 비유들 또한 매우 일반적이다. "시민단체는 검찰청 안의 빨대를 밝혀야 한다고 주장했다."의 '빨대'는 내부 정보원을 뜻하는 은어이며 "내 여자 친구는 여우다."에서 '여우'는 눈치가 빠르고 머리가 좋은 사람이란 뜻을 드러낸다. 이처럼 다양한 사물에 대한 비유 또한 다중의미를 생성하는 은유 규칙 속에 포함될 수 있을 것이다.

● 환유

은유와 달리 환유는 인접성 혹은 근접 스키마를 기반으로 이루어지는 것으로 정의하지만 잘 정리된 환유들의 구분은 없는 것처럼 보인다. 다른 두 영역 간에 이루어지는 은유와 달리 환유는 동일한 영역 내에서 이루어진다는 것과 인접성이 중심이라는 점은 대부분의 연구자들이 일치하지만 그 범위는 매우 다양하다. 이런 면에서 환유는 유사성을 기반으로 하는 은유와 분류를 제외한 거의 모든 것을 포함하게 된다.

환유와 관련된 하위 구분들에 있어서 울만[17]은 환유의 기본 원리로 시·공간적 인접성과 연속성을 토대로 이미 서로 연관된 두 단어 사이에 발생한다고 보면서 그 종류를 '공간, 시간, 용기-내용물, 기원장소-음식음료, 의복-사람, 특징자질-사람사물, 행위-결과' 등으로 구분한다. 이와 달리 레이코프와 존슨[18]은 '생산자-생산품, 물건-사용자, 지배자-피지배자, 기관-사람, 장소-기관 및 사람' 등으로 구분하며 임지룡[19]은 '특징-사람이나 사물, 소유물-소유자, 개체-유형, 원인-결과, 결과-원인, 전체-부분, 생산지나 생산자-생산품, 장소나 건물 또는 기관-거주자나 책임자, 그릇-내용물, 시간-사건이나 행위' 등으로 구분한다. 또 차준경[20]은 실체명사에 있어서는 '속성-사람, 사람-사물, 동물-가죽이나 고기, 동물-사람, 식물-부분이나 총칭 또는 전체 혹은 음식 가공물, 사물-부분이나 전체, 용기-내용물, 표상-추상, 교통이나 기관-인공물이나 주체, 장소-행정 지명 또는 소속원이나 정부 혹은 국민 또는 집단 또는 는 조직이나 단체' 등으로 나누고 사건 명사의 경우는 '실체-비실체' 등으로 나눈다.

환유는 습관적, 인습적으로 알려져 있거나 받아들여진 대상들 간의

---

17   Ullman(1962 : 218~20)

18   Lakoff & Johsn(1980 : 41)

19   임지룡(1997 : 193~201)

20   차준경(2004)

관계에 전적으로 의존한다. 이는 이미 존재하는 관계에 의존한다는 것인데 이런 점에서 은유가 새로운 개념을 위해 창조되는 것이라면 환유는 이미 알려진 관계에 대한 확인이라고 할 수 있을 것이다. 이러한 환유의 성격에 대해 레이코프와 존슨[21]은 실체를 실체와 관련된 다른 실체를 언급하기 위해 이용하는 것이라고 정의하는데 이와 같은 환유는 은유와 마찬가지로 중요한 개념화 원리로 작동하며 환유의 일반적인 특성과 사용은 은유와 함께 다중의미 생성의 체계적 원리로 설정될 수 있다.

환유는 실제 세계 개체와 관련되며 지시물들의 물리적 관계에 기반한다. 이러한 환유는 지시체들과 관련하여 이해되는 것으로 개체를 기반으로 한 연속 관계[22]로 볼 수 있으며 또 환유가 인접한 관계에 의존하므로 인접 양상에 따라 다양한 환유에 있어서도 좀 더 보편적이고 영속적인 관계와 일시적이고 맥락적인 관계가 구분될 수 있다고 볼 수도 있다.

그러나 이러한 구분은 생각보다 명확하지는 않다. "빨간 모자가 가장 빠르다."에서 '빨간 모자'는 분명히 빨간 모자를 쓴 사람과 일시적인 관계라고 할 수 있다. 따라서 일시적인 근접 속성이 환유를 통해 지시 역할을 하는 것이라고 할 수 있을 것이다. 하지만 "파란 눈이 내 여자 친구다."에서 '파란 눈'과 그 눈을 가진 사람과의 관계는 일시적이라고 할 수 없다. 그 사람은 태어날 때부터, 죽을 때까지 특별한 문제가 생기지 않는한 파란 눈을 가지고 있을 테니까 말이다. 따라서 지시 상황이 일시적일수는 있어도 이 경우에는 둘 사이의 관계를 일시적이라고 할 수 없다. 그

---

21   Lakoff & Johsn(1980)

22   Seto(2003)

렇다면 환유의 구분을 일시적이거나 영속적이라고 하기보다는 두 관계가 지시에 있어서 보편적으로 대치될 수 있는가 아닌가를 통해 구분하는 것이 더 나을 수 있다.

체계적 환유의 예들로 환유의 가장 대표적인 용기와 내용물 환유와 원인과 결과 환유는 매우 일반적이다. 원인과 결과의 경우는 보통 감정 형용사의 사용에 일반적이다. 기관이나 건물 지시 또한 얼마든지 예측이 가능하다. 장소와 사람의 경우도 매우 일반적이다. 대부분의 경우 장소에 대해 행위자를 예측하는 것이 가능하다. 동물과 식물이 음식물로 이해되는 것도 그렇다. 인간의 필수적인 행동과 관련된 많은 예들이 보편적이고 일반적인 환유적 체계성으로 적용될 수 있을 것이다. 이러한 원리를 통해 범주 내에서 다중의미 사용에 대한 예측이 어느 정도 가능할 수 있다.

"주전자가 끓는다.", "나는 맥주 한 병을 다 마셨다.", "밥 한 그릇을 다 먹었다."에서처럼 용기와 내용물 환유는 '주전자'와 '병', '그릇'이라는 용기를 이용하여 그 안에 담긴 내용물을 지칭한다. 거의 모든 용기 종류는 이처럼 내용물을 지시하는데 사용될 수 있다. 이로 인해 많은 수의 단위성 명사는 계량의 기준이 되는 용기 혹은 사물의 명칭에서 비롯된다. 앞서 살펴보았던 책이 갖는 두 국면의 의미 사이 관계 또한 용기와 내용이라는 인접성의 원리에 따라 환유로 이해된다. 이러한 의미관계는 대부분의 책 종류 명사들에 동일하게 적용된다.

이와 유사하게 장소나 지역 또는 집단이 그 안에 포함된 구성원을 지시할 수도 있다. "교실이 떠들썩하다."는 교실 안에 있는 학생을 지시하며 "서울은 인심이 나쁘다."는 서울에 사는 사람들을 의미한다.

특정한 대상은 그것의 기능을 지시할 수 있다. 문이나 창은 형태적, 기능적 측면에서 도구와 통로라는 두 가지 의미로 사용된다. 그래서 입구를 막는 문을 만들 수도 있고 그 문으로 들어갈 수도 있다.

전체와 부분 또한 상호 지시할 수 있다는 점에서 일반적이다. 손가락을 다친 상황에서 "손을 다쳤다."라고 하여 '손' 전체가 손가락이라는 부분을 의미하도록 할 수 있으며 이와 반대로 "딸린 입이 많아서 돈을 많이 벌어야 한다."와 같은 표현에서 '입'이라는 부분이 사람 전체를 의미하도록 할 수도 있다. 이와 같은 전체와 부분의 환유 관계에 대해 스파버와 윌슨[23]은 관련성 이론에서 전체가 부분을 대신하는 경우는 목표 대상에 접근하는 인지적 노력을 줄이기 위한 것이고 부분이 전체를 대신하는 경우는 선택된 부분이 담화 참여자에게 관련성이 높아 부각될 필요가 있기 때문이라고 주장한다.

인간과 관련된 다양한 속성들이 그 속성을 지닌 인간을 지시하는 것도 일반적이다. '어린이, 겁쟁이, 왕눈이, 경찰, 사장님' 같은 명칭들은 '나이, 성격, 특성, 직업, 지위, 형상, 기능'과 같은 속성들이 그 속성을 가진 사람을 지시하면서 자연스럽게 어휘화된다.

사건과 관련된 경우도 실체와 마찬가지로 복잡한 양상을 보인다. 많은 경우 행위는 '행위자, 도구, 결과, 대상, 장소, 시간, 방법' 등과 관련을 맺고 있기 때문이다. 이중 가장 대표적인 것은 동작의 결과 상태에 대한 지시의 경우이다. 동사의 경우는 동작의 결과 상태를 지시하는 경우가 두드러진다. 예를 들어 "그를 쐈다."라는 표현으로 지시되는 행위는 그

---

23   Sperber & Willson(1986/1993)

의 죽음 또는 그에 상당하는 피해를 입었다는 해석을 가져오며 "해가 졌다."라는 표현에서 지시하는 사건의 과정은 어둠 또는 밤이 되었음을 의미한다. 이러한 해석은 동사가 가진 동작의 특정한 상적 특성이 관여하는 것으로 보인다.

실제 상적 특성에 의해 의미가 구분되는 경우도 볼 수 있다. "빵을 구웠다."와 "오징어를 구웠다."에서 '굽다'는 완성과 과정이라는 구분되는 상적 특성에 의해 의미가 달라진다. 이에 따라 명사구인 '빵'과 '오징어'도 각각 동작의 결과에 의한 상태변화의 질적인 차이가 발생한다.

이처럼 환유는 다양한 방식으로 언어 표현에 적용되며, 다중의미를 생성해 내는 중요한 규칙으로 작용한다.

● 제유

마지막으로 넓게 환유에 포함되는 것으로 보아왔던 제유는 분류관계에 대한 이해를 보여주는 예이다. 환유가 지시 대상들에 대한 경험에 기반하여 개념화된 규칙이라고 한다면 제유는 지시 대상들 간의 차이와 관계를 구분하는 기제로 작용한다. 자연은 스스로 존재하며 사물 자체의 존재 양상이라고 할 수 있는 세계 자체의 질서와 체계가 스스로 구분된다고 보는 주장[24]도 있지만 그러한 자연에 대한 분류는 인간의 관점과 방법에 따라 다양하게 나타난다는 점에서 개념적이다.

세토[25]는 환유는 지시와 관련된 시·공적 연속에 기반한 전이현상

---

24   김광해(1990 : 41)

25   Seto(2003)

다중의미

이며 제유는 의의의 관련된 의미적 결과에 기반한 범주적 전이현상으로 구분한다. 그의 구분에 의하면 제유는 인간의 범주화와 관련된 개념적 차원의 분류가 된다. 예를 들어 "풍차가 돈다."는 풍차가 아닌 풍차 날개를 의미하는 것으로 풍차의 부분을 나타내는 환유이다. "빨간 옷이 커피를 추가했다."에서는 '빨간 옷'이 고객을 지시하지만 고객과의 의미와 관계없이 단지 지시적 연결만 존재하는 환유이다. 하지만 "나는 다른 표를 샀다."에서 '표'는 표의 하위 부류인 입장권을 의미하는 것으로 분류 관계상 하위 종류를 의미한다. 따라서 앞서 두 예가 환유인 것과 달리 이 문장은 제유로 구분된다.

제유는 개념적인 범주 구분에 의한 상하의 관계 질서로 계층화된다. 이는 곧 범주적 포함관계로 이해될 수 있는 것이다. 따라서 실제 세계의 포함관계와 범주상 포함관계의 구분은 환유와 제유의 구분을 통해 이루어질 수 있다. '나무⊃참나무⊃꿀참나무'나 '자동차⊃바퀴⊃휠'의 포함관계의 차이는 이러한 구분을 잘 보여주는 예이다. 앞의 나무에 계층적으로 포함되는 예들은 실제 세계 속에 포함된 관계가 아니라 학문적으로 체계화된 종의 유사성을 통한 개념적 분류이다. 이와는 달리 뒤의 자동차의 부분으로 포함되는 예들은 실제 개체의 전체에 속한 부분이라는 포함 속성을 보여준다. 이처럼 환유가 지시 대상들 사이의 인접성에 기반하는 것과 달리 제유는 유사성을 기반으로 한 개념 분류 체계 내의 인접성에 기반한다고 말할 수 있다.

제유에 의해서 총칭적 의미는 하위 의미들로 구분될 수 있다. 예를 들어 소리라는 총칭적 의미는 구분되는 하위 의미들인 음악 소리, 말소리, 발소리로 등 다양한 소리의 하위 영역으로 구분된다. 마찬가지로 사람의 하위 유형으로 지시될 수 있는 남자와 여자도 구분될 수 있다. 만약 "그 사람은 친정에 갔다."라고 한다면 '사람'은 여자일 것이며, 반대로 "그 사람은 처가에 갔다."라고 한다면 '사람'은 남자가 될 것이다.

민간범주와 전문범주의 분류적 차이 또한 다양한 의미의 쓰임을 가능하게 한다. 소, 돼지나 사과, 배 등은 각기 동물과 식물의 범주에 속하는 것이지만 민간범주 속에서는 음식으로 분류될 수 있다. 이와 같은 분류상의 차이는 해당 어휘를 다의적으로 사용할 수 있게 한다.

동사의 경우 동사가 지시하는 동작과 사건의 하위 방식들이 다양한 의미로 파악된다. 가다라는 동사는 모든 이동에 사용이 가능하지만 새는 날아가며 뱀은 기어가고 개는 네 발로 간다. 가다가 사용된 모든 이동은 추상적인 이동의 의미를 공유하지만 각각 이동의 주체가 되는 명사가 가진 이동 방식의 특성을 통해 구체화된 하위 의미들로 해석된다.

크루즈[26]는 위계적 분류관계(taxonomy)와 부분전체관계(meronymy)를 구분하는 자리에서 둘 모두 실재물과 관련되지만 부분전체관계 요소들은 위계 조직상 관련이 없다는 점을 차이로 지적한다. 부분전체관계는 위계 조직에 의해 구조화된 것이 아니라 각개 부분의 관련 방식이 조직의 기초를 이루므로 더 구체적인 실체와 관련된다고 언급한다. 비록 분류관계와 환유를 개념과 지시의 차이로 설명하고 있지는 않지만 실체와 관련된 차이는 이와 유사하다. 이 둘의 구분은 분류관계가 이해되는 과정에서 부분전체관계로 해석될 가능성이 많다는 점에서 분류관계와 환유의 구분을 이해하는 방법이 될 수 있다. 분류관계는 추상적이므로

---

26   Cruse(1986/1989 : 219)

존재론적 은유에 의해 포함관계인 부분과 전체관계로도 이해되기 때문이다.

● 다중의미의 체계성과 특수성

이처럼 개념적 은유와 환유, 제유는 다중의미를 체계적으로 생성해내는 방식으로 적용되며 의미관계를 형성하는 중요한 세 개의 축이 된다. 이런 점에서 다중의미의 개념적 체계성은 독립된 세 가지 영역을 통해 이루어진다.

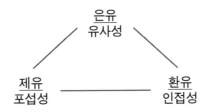

[그림 11] 개념화 체계

이들은 세상에 대한 이해가 반영된 마음속 개념 영역인 제유, 그리고 구분되는 두 영역 간의 사상을 통해 이루어지는 은유, 지시되는 실제 개체들의 인접 관계인 환유라는 세 가지 구분되는 영역을 구성한다. 이들 각 영역에 의해 생성된 의미는 또다시 반복적으로 새로운 의미를 형성할 수 있다. 따라서 이들은 무한히 반복해 나가며 의미를 생성해 낸다.[27]

---

27   Seto(2003 : 206)

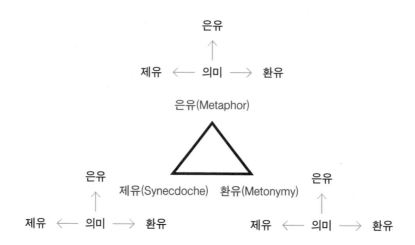

[그림 12] 다중의미 생성의 반복성

　이들은 경험을 통한 귀납적 추론 규칙의 방식으로 작용한다고 볼 수 있을 것이다. 체계적으로 생성되는 의미는 어휘 속에 들어 있는 것이 아니다. 이들은 세상에 대한 이해를 통해 대상에 새로운 개념을 부여하며 이로 인해 의미가 생성되는 것이기 때문이다.

　다중의미의 유형에 있어서 개념적 은유와 환유, 그리고 제유는 체계적인 양상을 보여준다. 이들은 다중의미의 관계를 생성하는 기제가 된다. 의미적 근거에서 체계성은 예측 가능하고 일반적으로 적용될 수 있어야 할 것이다. 하지만 형태 규칙에서 그렇듯이 체계적인 양상을 찾기 어려운 경우도 존재하며 한정된 예들에만 적용되기도 한다. 따라서 의미의 특성상 형태나 통사적 규칙과 달리 의미적 체계성은 엄격하다기보다는 일정한 경향성으로 생각하는 것으로 보아야 한다.

체계적 다중의미 생성과는 달리 어휘 개별적인 다중의미 양상을 보이는 예들도 다수 존재한다. 울만[28]이 제시했던 다의 발생의 근원 가운데 적용의 이동이나 의미의 특수화 같은 예들이 여기에 포함될 것이다. 이들은 대부분 의미 흡수, 어원적 관련성, 관용적 어휘화 등 통시적인 변화를 겪으며 생성된 예들이다.

이들은 '쌀을 팔다'에서 '팔다'처럼 사다와 팔다 모두의 의미로 사용이 가능했던 과거의 사용에 있어서는 개념화 패턴에 의한 것이었는지는 모르지만 현재에 있어서 어원적인 관련성만이 남아있는 경우, 하나님과 믿음이라는 단어에 기독교라는 종교가 들어오면서 그에 맞는 의미가 새로 부여되는 것처럼 새로운 의미를 흡수한 경우, '시치미를 떼다'처럼 관습적으로 어휘화되어 의미의 투명성이 사라진 예들과 같이 공시적인 개념화 패턴이 아닌 일반적인 언어 변화 규칙에 기반한 유형들로서 체계적 다중의미 유형과는 차이가 있으며 따라서 생산적이지도 않다.

동음이의어들도 규칙으로 설명할 수 없는 다중의미의 예들에 속한다. 이들 또한 동음이의를 통한 다중의미를 구성하지만, 실제 형태적 동일성 이외의 체계성은 찾을 수 없는 것이다. 은행과 차는 '銀行'과 '銀杏', '車'와 '茶'라는 한자어 어휘에 의해 구분되지만 형태적 동일성으로 인해 중의성을 갖게 된 예이다. 이와는 달리 다리의 경우는 중세 시대에 '다리(脚)'와 'ᄃ리(橋)'로 구분되던 어형이 역사적인 변화를 거치며 동일한 형태로 바뀐 예들이다. 이와는 반대로 '가르치다'와 '가리키다'처럼 역사적으로 동형어에서 분리된 예들도 있다. 이러한 불규칙적 다중의미들은

---

28   Ullmann(1950)

개별적으로 배워 익혀야만 알 수 있는 것이라는 점에서 체계적 다중의미 유형들과 구분된다.

다중의미의 제약

● 범주적 제약

은유와 환유, 제유로 구분되는 다중의미 현상들은 개념적으로 구조화된 것으로 대체로 체계적인 다중의미에 속하게 된다. 이들은 어휘 개별적으로 저장된 것이 아니라 문법과 같이 적용할 수 있는 것으로 예측이 가능하다. 하지만 다중의미가 체계성을 갖는다고 해도 언어 전체에 대해 보편적이지는 않다. 따라서 다른 언어 문화권 사이에서 동일한 번역은 불가능하며 언어 문화권마다 다른 방식들이 적용된다.

블루트너[29]는 독일어 기관 유형 단어의 다의 범위를 보여주는데, [표 5]를 보면 우리나라 단어들의 다중의미 사용 범위와 차이가 있다는 것을 알 수 있다. 기관과 건물, 과정의 의미가 이용되는 단어들의 해석은 세 가지 모두 가능한 경우와 그렇지 않은 경우들로 각기 구분될 수 있다.

---

29   Blutner(1998 : 13)

[표 5] Variants of interpretation for German institute-type word
(● : the variant is realized in German; X : the variant isn't realized normally)

	TYPE1	TYPE2	TYPE3	TYPE4	
	●	●	●	●	X
	●	●	X	X	●
		X	●	X	X
Institution Building Process	Schule(학교) Universty(대학) Theater(극장) Oper(오페라) Kirche(교회) Akademie(학회)	Museum(박물관) Parlament(정부) Ministerium(부서) Versicherung(보험사) Hotel(호텔) Kaufhaus(백화점) Leihhaus(전당포) Gasthaus(여인숙)	Armee(군대) Ehe(결혼)	Regierung(내각) Ausschu(위원회)	Palast(궁전) Geburtshaus (생가)

한국어에서도 이와 같은 방식으로 사용되는 단어들을 찾을 수 있는데 한국어의 번역 대당어에 해당되는 단어들이 독일어와 동일한 방식으로 똑같이 사용되지는 않는다. 예를 들어 세 가지 의미가 모두 가능한 범주에서 한국어의 극장은 과정의 의미로 사용되기 어려워 보인다. 이러한 차이를 통해 특정한 문화권 내에서 선호하는 개념들이 있다는 것을 확인할 수 있다.

퀘벡시스[30]는 개념적 은유는 매우 일반적인 층위에서 기능하므로 구체적인 층위까지 상술하지 않는다는 점을 지적한다. 예를 들어 [화가 난 사람은 압축된 그릇이다]라는 개념적 은유가 보편적일지라도 그릇의 종류나 그릇 속의 물질, 가열 방식, 결과 등과 같이 그것을 표현하는 세세한 부분들은 각각의 문화권 내에서 달라질 수 있다는 것이다. 따라서 개념적 은유는 총칭적 도식을 구성하며 특정 층위에서 문화 특정적인 방

---

30   Kovecses(2005/2009 : 128)

식으로 사용된다. 이러한 은유 표현은 동일 언어·문화 속에서도 사회적·문화적인 차이에 따라 다양성을 보여줄 수 있다.

이러한 차이를 보여주는 대표적인 예는 여자와 남자에 대한 다른 방식의 개념적 은유일 것이다. 여성에 대한 표현 방법 중에서 [여자는 사기그릇이다]라는 개념적 은유가 이용되어 "깨지지 않게 그녀를 조심해서 다루어야 한다."라는 표현은 가능하지만 이러한 표현을 남자에게 적용하는 것은 어색하다. 또 사람을 동물로 표현하는 것은 일반적이지만 남녀에 따라 다른 사용 양상을 보여준다. 그래서 보통 늑대는 남자를 비유하는 데 사용되지만 여자에게 잘 사용하지 않고 여우를 이용하여 비유한다. 하지만 남자에게 여우가 이용될 때는 여자를 비유했던 것과는 다른 의미로 파악된다.

환유 또한 동일 언어 내에서도 다른 사용 양상을 보여주는 예들이 다수 존재한다. 블랭크[31]는 영어에 있어서 lamb이 animal과 meat을 의미할 수 있는 반면 cow는 animal만 가능하며 meat의 의미는 beef로 사용된다는 점을 예로 들고 있는데, 한국어에서도 이와 같이 다양한 양상을 쉽게 볼 수 있다. 예를 들어 "버스가 파업했다."는 가능하지만 유사한 범주에 속하는 자전거는 파업이 불가능하다. "미술관이 많은 작품들을 사들인다."처럼 미술관은 장소이면서 그 내부의 집단이나 기관으로 사용이 가능하지만 '?경찰서가 많은 도둑을 잡아들인다.'는 이상하다. 기관이 존재하는 장소를 의미하는 경우에도 어휘별로 차이가 나타난다. 그래서 "학교를 지었다."는 가능하지만 "?정부를 지었다."는 어색하다.

---

31   Blank(2003 : 280)

체계적 다의성처럼 보이지만 실제로 모든 범주에 동일하게 적용되지 않는 예들이 다수 존재한다. 이처럼 개념적 은유나 환유에 의한 다중의미임에도 불구하고 어휘별로 가능성이 달라지는 경우들을 제약적 다중의미 범주로 구분할 수 있다. 이들은 인지적 배경상에서 현저화의 차이로 발생하는 결과라고 볼 수 있을 것이다.

● 문맥적 제약

범주 제약은 담화 문맥적 제약이 그리 크지 않으며 일반적으로 사용될 수 있다. 이와는 달리 문맥 제약적 다중의미는 담화 문맥에 따라 일시적으로 발생하며 특정 상황에 강한 제약을 갖는다. 환유의 경우 관습적 어휘적으로 사용되는 것도 있지만 화용적인 맥락 속에서 일시적으로만 사용되고 이해되는 예들도 있다. 예를 들어 "오늘 모인 사람 중에 빨간 옷이 마음에 든다."나 "자장면은 누구죠?"와 같은 발화에서 '빨간 옷'과 '자장면'은 지극히 상황 의존적이어서 상황을 통해서만 해석이 가능하며 다른 상황에서는 전혀 적용되지 않는다.

개성적 은유는 특정한 문화적 틀과 담화 규칙에 의해서만 이해될 수 있는 특별한 은유로서 문맥 제약적 다의에 속한다. "나의 가슴에 떨어진 별 하나."와 같이 문학적 창의성으로 인정되는 예들은 일반화된 담화 유형이 아니기 때문에 보편적으로 적용되기 어렵다.

개념적 은유와 마찬가지로 개념적 환유도 체계적이고 생산적으로 사용될 수 있다. 다만 이들의 생산성은 담화 유형에 기반해야만 작동한다. 이러한 제약은 담화 공간이라는 차이에 따라 분류를 달리할 수 있게 되는 제유에 있어서도 발견된다. 예를 들어 고래는 생물학적으로 포유류에 속하지만 민간범주 상에서는 물고기의 범주에 포함된다. 토마토 또한 야채와 과일의 상이한 범주로 분류될 수 있다. 이처럼 이들은 문화적 틀과 담화 규칙에 의해 제약되며 특정 언어 규칙으로 이용된다.

다중의미의 유형과 해석

● 결합과 구조에 의한 다중의미

결합적 다중의미는 두 의미가 결합하면서 어휘화된 의미 변화를 겪은 것을 말한다. 어휘화된 의미들은 동기가 결핍되어 있어 예측이 불가능하며 특정 어휘 의미로 굳어져 규칙적으로 생산되기 어려워진다. 그래서 이들은 대부분 관습적으로 사용되며 관용어나 특별한 의미로 이용된다. 그런데 이러한 표현들이 모두 같은 방식으로 이용되는 것은 아니다. 결합을 통해 어휘화된 예들 가운데 '손을 들다, 눈을 감다, 등을 돌리다'와 같은 예들은 축자적 의미와 관용적 의미 둘 모두가 의미 해석에 관여하여 중의적인 의미를 갖는다. 이와는 달리 '시치미를 떼다'와 같은 예는 축자적 의미는 사라지고 관용적 의미 해석만 가능한 예들이다. 관용적인 표현이지만 '명박 산성, 조국 대전'과 같은 부류는 명사 수식 구성을 통해 특정한 대상에 대해 일시적으로 특별한 의미를 부여한 사용이며 일종의 별명으로 작용한다. 마지막으로 '빨간 책, 검은 화요일'과 같은 형식은 형용사 수식 구성이 관습적으로 적용된 예이다.

결합을 통해 어휘화된 예와는 달리 특정한 구조에 따라 의미가 달라

다중의미

지는 경우가 있다.[32] 영어에서 'all over'와 같은 경우는 전체를 덮지 않고 분산되어 있는 경우도 가능한데 이는 over와 all에 이미 있는 의미 기능을 통해서 이해되는 것이 아니라 두 결합 자체의 특별한 의미인 것이다. 이와는 달리 'He had guilt written all over his face'에서는 어휘적 의미가 아니라 'NP have [emotion] written all over NP's face'라는 구조적 표현에 의해 이해된 것이다. 따라서 어휘 이외에 구조적 패턴에 따라 의미가 확장될 수 있다는 것을 보여준다. 골드버그[33] 또한 'Sneeze napkin off the table'과 같은 표현은 Sneeze가 사동을 함의하지 않으며 'V NP PP'라는 동사 구조에 의해 나타나는 해석이라면서 구조에 의한 의미를 제시한다.

한국어에서도 구조적 의미로 볼 수 있는 예들을 찾을 수 있다. "서윤이가 산을/산에 간다."는 내부 이동과 목적지 지향 이동으로, "서윤이가 차에/차를 페인트를 칠했다."는 대상에 대한 부분적 행위와 전체적 행위로 의미의 차이가 발생하는데 이러한 차이는 동사가 갖는 것이 아니라 '~에 ~를 V'와 '~를 ~를 V' 구문이 갖는 구조적 차이에서 발생한 것이다. 이처럼 처소교차 구문의 경우 이들의 구분되는 의미는 동사가 함의하거나 일으키는 의미가 아니라 장소 주어 구문 구조에 의해 결정되는 구조적 의미가 된다. 이와 같은 구조적 의미 위에 다양한 방식으로 부분 의미 구조가 사상될 수 있으며 구조적 의미는 단어 층위의 넓은 다의성에 대해 가정해야 하는 필요성을 감소시킬 수 있다는 점에서 장점이 있다.

---

32   Queller(2001)

33   Goldberg(1995)

● 화용적 원리와 다중의미 해석

일반적으로 의미에 대한 설명은 오그덴과 리차드[34]가 제시한 개념 (concept), 기호(symbol), 지시 대상(referent)과 같은 3원적 설명을 기반으로 해 왔다. 언어의 의미 해석은 맥락 속에 놓인 이 3차원적 기호의 다양한 기능을 통해 이루어진다. 우리는 언어적 표현이 의미하는 것에 관심을 두며 의미는 지시 대상(사실)과 표현 형식(언어)을 매개하는 개념(해석) 속에 존재 한다고 가정한다. 따라서 의미를 알기 위해서는 표현 형식과 지시 대상을 반드시 고려해야만 한다. 여기서 개념(해석)은 인간 개개인에게 특정하기 때문에 소쉬르의 랑그적 개념은 이를 아우르기 위한 추상적 층위에 존재할 수밖에 없다.

하지만 실제 언어생활은 개인적 해석을 반영하므로 퍼스[35]가 지적한 바와 같이 의미는 개별적, 세부적으로 혹은 자신의 개념에 맞추어 해석하는 과정을 겪는다고 보아야 한다. 이는 의사소통을 위한 의미 조정 작업을 거치면서 가능하다. 이러한 과정에서 의미는 데리다[36]의 차연과 같이 끊임없이 흔들리고 조정된다. 따라서 우리가 의미를 이야기할 때는 언어 사용자의 주체성이 중요하다. 언어 사용자는 이 속에서 순간적으로 의미를 포착한다. 여기서 관계는 선택 가능한 의미들을 추론할 수 있게 해준다는 데서 의미의 가능한 범주를 한정해 주는 역할을 할 수 있다.

팔머[37]는 개념 표상에 의존하는 설명 방법은 실제로 우리가 개념이

---

[34]   Ogden & Richards(1923/1987 : 36)

[35]   김성도 편역(2006 : 54)

[36]   Derrida(1967/2010 : 169)

[37]   Palmer(1989)

라고 생각하는 것이 정확하게 무엇을 의미하는지 분명치 않다는 점에서 본질적인 문제를 안고 있다고 지적한다. 그의 말처럼 개념에 대해 일반적이고 공통된 주장은 없는 것으로 보인다. 혹자는 영상(image)을 가지고 있다고 제안했으나 이는 불충분한 것이다. 우리는 단어를 말할 때마다 영상을 떠올리지는 않는다. 또한 영상은 언어학으로 설명하는 것이 불가능하다. 마찬가지로 어떤 추상적인 개념에 관련시키는 방법도 무엇인지 설명하기 어려워진다. 결국 단어가 있는 곳에 개념이 있고 개념은 단어의 의미라는 순환적 정의에 이르게 된다. 이는 현상을 설명해 주는 어떤 막연한 실체가 있다고 가정함으로써 현상을 설명하는 것이 된다.

의미론의 문제는 의미라고 부르는 포착하기 어려운 실체들을 찾는 것이 아니다. 오히려 어떻게 단어와 문장들이 의미 있게 될 수 있는가를 이해하려고 하는 것이다. 이런 관점에서 의미에 대한 화용적 견해는 언어를 사용하는 화자의 다양한 사용방식과 맥락을 고려한다. 이는 단어들이 그들의 정의적 의미들과 그들 상호 간에 정의된 관계들과 관련해서만 고려되는 의미관계의 엄격한 형식적 또는 기술적 설명과 대조된다.

의미 해석은 고도로 문맥 의존적이다. 특정한 하나의 어휘는 다른 문맥에서 다르게 해석되며 심지어 전혀 예상치 못한 의미로도 해석된다. 이러한 의미들 중 화자와 청자는 어떻게 선택하고 결정하는지 구분해야 한다. 이는 본질적으로 의미가 분석적이거나 객관적인 진리의 문제로 간주되는 것이 아니라 언어 사용자의 특유한 해석의 문제로 가정하는 것에서 출발한다. 이는 그들의 판단과 행위를 통해 연구될 수 있다.

단어는 담화 상황에 따라 다양한 해석이 가능하다. 어휘 목록에 고정된 가치를 가진 것으로 보이는 단어들도 텍스트에 따라 상대적으로 해석되거나 긍정적 또는 부정적으로 평가될 수 있다. 또한 화자가 처한 상황에 따라 다르게 평가될 수도 있다. 이러한 다양한 의미를 기본적인 단어의 의미를 설정하여 분리하는 것은 실제 의미의 일면을 무시하는 것이 된다. 만일 평가적 의미를 의미에서 제외한다면 순수하게 평가를 위해 사용되는 좋다나 싫다와 같은 단어의 의미는 해결할 수 없어진다. 우리는 수많은 판단을 하며 판단에 따라 단어를 선택한다. 이러한 경향은 단어의 의미가 객관적 사실의 문제가 아니며, 의미의 대부분은 주관적이라는 점을 보여준다.

'좋다'를 생각해 보자. '옷이 좋다'가 사물의 외양에 대한 평가라면 '사람이 좋다'는 내면적 속성에 대한 평가이다. 그렇다면 '눈이 좋다'는 무엇에 대한 평가를 의미하는가. 이때 좋다는 눈의 외양이나 속성 둘 중 한 가지에 관한 판단이라고 하기만은 어렵다. 만약 '나는 사람이 좋다'라고 했다면 이때 좋다는 또 다른 의미로 해석되어야 한다. '그는 사람이 좋다'와 '나는 사람이 좋다'는 완전히 다른 의미를 드러내기 때문이다. 이는 '좋다'와 결합하는 명사들의 의미 범주에 의한 것이라고만 할 수 없다. 그렇다면 이들의 의미를 어떻게 기술할 것인가. 이처럼 의미는 고정되어 있지 않으므로 주어진 문맥에서 적절한 해석이 필요하며 이를 위한 적절한 기술 방식이 주어져야 할 것이다.

● 다중의미의 추론 방식

복잡한 개념과 지시체들 사의의 관계 속에서 현재에 가장 적합한 의미로 해석할 수 있도록 하는 것이 바로 우리가 가진 추론 능력이다. 의사소통을 할 때 우리는 수많은 현시적인 것들 즉 화자와 청자가 서로 알고

다중의미

있는 엄청나게 많은 사실들과 가상적인 내용들 중에서 필요한 것들을 끄집어내어 이용한다. 그리고 그 속에는 의미를 적절히 해석할 수 있도록 인도하는 추론의 끈이 존재한다. 이러한 추론 방식을 스퍼버와 윌슨[38]이 제안한 적합성 이론을 통해 살펴보자.

적합성 이론은 인간의 인지는 적합성을 최대화하는 방향으로 되어 있다는 인지적 원리를 가정하는 것이다. 적합성은 경제성의 원리와도 상통한다. 여기서 이루어지는 추론은 과학적인 추론과는 다른 것처럼 보이는데 추론적 이해과정이 비예증적(non-demonstrative)이라는 점을 묵시적으로 상정한다. 그렇기 때문에 가장 좋은 환경 조건에서도 의사소통은 실패할 수 있다.

추론은 말하는 사람과 듣는 사람이 공유하는 상호인지환경(mutual cognitive environment)을 토대로 일어난다고 말한다. 이때 인지환경이란 어떤 사람에게 알려진 현시적(manifest)인 것들을 모아 놓은 것이라고 할 수 있다. 그들에 따르면 화자들은 진실성, 정보성, 이해가능성 등의 일정한 기준들을 직접 설정하고 그 기준들을 만족시키는 정보만을 이용해 의사소통하고자 한다. 화자가 그 기준들을 체계적으로 준수하고 청자도 화자가 그 기준들을 준수할 것으로 체계적으로 기대하는 한 어떠한 주어진 발화에 대해서도 언어적으로 가능한 모든 해석은 추론적으로 지워버릴 수 있으며 그에 따라 의사소통과 이해가 더 수월해질 수 있다.

청자는 접할 수 있는 개념적으로 표상화된 어떤 정보라도 추론 과정에서 전제로 사용할 수 있다. 다시 말해 추론적 과정이란 국부적(local)

---

38   Sperber & Willson(1986/1993)

인 것이 아니라 전국적(global)인 과정이 된다. 전국적이란 말은 기억 내의 모든 개념적 정보를 자유롭게 이용할 수 있다는 것을 말한다. 비예증적 추론이라는 것은 논리적 과정이라기보다는 적절히 제약된 어림짐작의 한 형식에 가깝다. 따라서 논리적으로 타당한가 아닌가보다는 성공적인가 아닌가, 효율적인가 아닌가 하는 관점에서 보아야 한다.

이와 함께 과학적 논리성과 다르다는 점에서 인간의 기호적 추론 방식을 퍼스[39]는 가추법(abduction)으로 설명한다. 가추법은 어떻게 보면 연역과 유사하다. 하지만 가설적인 법칙에서 새로운 것을 유추해 낸다는 점에서 논리적 연역 규칙과 차이가 있다. 가추법은 '가설적 법칙 + 결과 = 유추'가 되는 공식을 따른다. 가추법은 어떤 것이 어떠할 수도 있음을 제시하지만 가정이므로 그럴 수도 있고 아닐 수도 있다.

어휘의 해석에 있어서도 이러한 추론의 방식이 적용된다. 어휘는 개념을 표상하며 추론은 개념들 간의 작용이기 때문이다. 어휘의 의미는 어휘들의 결합을 통해 해석된다. 이때 어휘와 관련된 일반적 지식이 추론을 위한 전제로서 기능하며 이들을 적절히 해석되도록 한다. 하나의 발화를 해석하는 데 사용되는 일련의 전제들은 일반적으로 맥락이라 부르는 것을 구성한다. 맥락은 심리적 구성체로서 화자가 지니고 있는 세계에 대한 지식의 부집합이다. 발화의 해석에 영향을 미치는 것은 세계의 실제 상태가 아니라 바로 이 세계에 대한 상정 내용들이다. 이런 의미에서 맥락은 직접적인 물리적 환경이나 바로 앞의 발화에만 국한되는 것이 아니다. 미래에 대한 기대, 과학적 가설이나 종교적 신념, 일화적

39　Peirce(1992/2008)

추억, 문화적 인식, 화자의 정신 상태에 관한 신념 등이 모두 해석과정에서 일익을 담당할 수 있다.

우리는 어휘에 대한 광범위한 지식을 통해 가능한 쓰임을 부여한다. 이는 어휘가 어울리기 위한 의미를 결정짓는다. 만약 어휘의 결합이 정상적인 판단에서 어긋난다면 비문으로 파악되어야겠지만 실제로는 가능한 사용을 위한 유추작용을 통해 강제로 의미를 부여하게 된다. 즉 어휘와 관련된 최대한의 지식을 탐색하여 가능한 의미를 결정한다는 것이다. 이는 결합되는 어휘 전체에 작용한다.

의미들은 각기 결합하는 어휘들에 대해 화자가 알고 있는 가능한 지식에 의해 추론된다. 이러한 과정을 거쳐 "밥을 먹는다."에서 '밥'은 먹을 수 있는 음식이고 '먹는' 것은 음식이라는 점에서 서로의 지식에 모순이 없이 축자적으로 이해된다. 이와 달리 "돼지를 먹었다."라고 했을 때는 지식의 충돌이 발생한다. 우리는 살아있는 돼지를 그대로 먹지는 않으며 돼지의 부분인 고기만을 먹는다. 따라서 '돼지'는 돼지고기로 추론된다. 만일 "호랑이가 돼지를 먹었다."라고 했다면 호랑이는 살아있는 돼지를 통째로 잡아먹는다는 점에서 동물인 돼지 그대로 해석할 것이다.

사람들은 가능한 생산적으로 정보를 처리하려고 한다. 즉 가능한 적은 처리 노력을 들여서 가능한 많은 맥락효과를 얻고자 하는 것이다. 그래서 사람들은 적합성을 극대화 시킬 수 있는 맥락을 선택하고자 한다. "머리가 잘 돌아간다."라는 문장에 대해 생각할 때 우선 신체의 일부분인 머리는 목과 연결되어 있어 움직임에 한계가 있기 때문에 돌아가는 것은 신체의 일부로서 한정된 범위 내에서만 가능하다고 추론할 것이다. 이와는 달리 머리가 신체의 부분이 아니라 기능을 담당하는 것으로 생각할 수도 있다. 이때 돌아가는 것은 신체가 아니라 기능이 되며 이를 통해 해당 문장은 원활한 사고기능을 의미한다고 추론할 수 있다. 이처럼 두 상정내용이 서로 모순되는 것으로 드러났을 때 이들의 적합성을 비교하는 것이 가능하고 또 어느 한쪽이 다른 쪽보다 적합성이 높다는 것이 밝혀지면 자동적으로 약한 쪽을 배제한다.

어휘와 관련된 다양한 지식들은 이처럼 더 적합하거나 덜 적합한 것들이 있다. 아마도 이들이 중심적이거나 주변적인 의미를 결정하는 것처럼 보인다. 그렇다고 해석에 있어서 완전히 하나의 의미만을 인정하는 것은 아니다. 배제된 의미는 우선순위에서 밀려난 것뿐이지 삭제된 것이 아니기 때문이다. "배를 먹었다."에서 '배'의 가장 적합한 의미는 과일의 한 종류인 배일 것이다. 하지만 만약 누군가 배 모양의 과자를 먹은 경우는 어떠한가. 혹은 누군가 돼지의 배 부위를 먹었다면. 이는 상황에 맞는 다양한 지식을 따라 해석되는 것으로 생각해야 할 것이다. 중의성은 상위(일반적) 층위의 표현에서 발생하는 경우가 대부분이다. 이는 화자의 의식 속에서 굳이 그들을 변별할 필요가 없다고 판단한 것이며 청자의 측면에서 일반적 사용 이상의 구체적 추론을 필요로 하지 않는다.

어휘는 그 어휘로 표상된 수많은 인지적 개념들과 관계를 맺는다. 어휘 의미의 추론은 이들의 관계를 통해 이루어지게 된다. 이는 개념적이며, 어휘 자체가 다양한 맥락을 함축할 수 있다는 점을 전제로 한다. 특정한 어휘에 사상(寫像)되는 의미 집합은 관계로 구성된 가능한 의미들을 갖는다. 이때 어휘 의미는 어휘 내부에 존재하는 것이 아니므로 추론 가능한 관계에 의해 형성된다.

하나하나로 볼 때 다수의 해석을 갖는 것처럼 보이는 두 구성소라도

다중의미

결합시에는 소수의 해석만을 갖게 된다. 이는 두 구성소들의 결합을 통해 이루어지는 추론 작용에 의해 가능한 해석들이 제한되기 때문이다. 이는 어휘들 사이의 작용에 의한 추론적 의미 해석이 가능하다는 것을 말한다. 이처럼 의미는 다양한 개념적 관계들로부터 추론되며 가능한 의미들 중 선택하거나 명세되기 전까지 잠정적으로 보류된다. 또한 특정한 의미가 선택되었다 할지라도 이후에 가서 얼마든지 취소되거나 변경될 수 있다.

어떤 표현에 대한 최초 해석은 단순한 결합에 따른 기본값이 할당된다. 이 의미는 최상위 구획의 의미로서 가장 일반적이고 평범한 의미일 것이다. 보통 일반적이고 평범하게 해석되는 사건이 더 빨리 더 쉽게 처리될 수 있으므로 해석 가능성이 높아진다. 일반적으로 선적인 언어 형태상 방향성에 의해 앞선 것이 뒤에 올 부분과 의미적인 연관성을 통해 이해되는 것이 정상적이다. 따라서 비대칭적 해석이 유발될 수 있다.

● 통합적 의미 해석

인지적인 관점에서 모든 언어 표현은 문맥의 지배를 받는다. 여기서 문맥이라는 것은 언어 외적인 것만을 지칭하지 않는다. 이는 한 의미와 결합되는 다른 의미들을 의미하는 것이다. 의미는 더 큰 구문에서 다른 요소들과의 상호작용을 통해 파악된다. 따라서 의미 층위 각각에 대한 논의가 필요하며 이러한 논의는 언어 의미에 대한 풍부한 관찰을 가능하게 한다.

이제까지 구문 혹은 구성의 존재는 설명이 따로 필요 없는 당연한 언어 형식으로 여겼다. 구문은 해당 어휘 항목이 결합하여 이루어지는 결과물로서, 어휘 항목의 유형과 수가 결정되면 자동적으로 생산되는 것으로 보았다.[40] 하지만 특정한 의미구조가 형식표현에 결합하여 나타나고 또 그 의미가 문장 또는 어휘와 별도로 존재할 때 이는 독립된 존재로 인식되어야 한다는 점이 제기되었다.[41] 이러한 인식은 언어 연구 대상에 대한 관점과 생각을 바꾸려는 노력이며 통합적 의미 구성이라는 측면의 다양성을 인식한 결과라고 할 수 있다. 보링어[42]가 말한 형식의 차이는 의미 차이를 수반한다는 지적은 이곳에서도 동일하게 적용된다.

의미 정보는 다른 의미 정보들과 유기적인 관계를 맺으며 그물망처럼 복잡하게 엮여있다. 우리는 그러한 관계들 속에서 상황에 따라 적절한 해석을 하게 된다. 의미 층위는 형태소부터 단어 결합, 문장 구성, 담화까지 나아가는 언어 내적 층위와 그를 벗어나 인지 전반과 세상 지식까지 포괄하는 언어 외적 층위로 구분되며 이들의 통합에 따라 의미 생성이 달라진다. 사람들은 독립된 한 단어만을 사용하지 않는다. 언어의 사용은 다양한 어휘의 결합을 통해서 이루어지며 요소들의 통합을 통해 창조적 표현이 가능해진다. 통합의 기본적인 요소로서 어휘의 중요성은 말할 것도 없지만 그 어휘의 통합이 어떠한 결과를 가져오는지에 대한 집중적인 논의 또한 중요하다.

언어 사용에 있어서 기본적인 결합 형식인 '명사 + 동사' 구성은 통사적으로 반드시 결합하여 사용해야 하므로 개별 성분의 독자적 역할이 불가능하다. 이는 타동사의 목적어와 같은 전통적인 범주 인식에서부터

---

40   정주리(2004 : 308)

41   Goldberg(1995 : 20)

42   Bolinger(1968 : 127)

이어져 내려온 것이다. 통사적 연구에서 필수 부사나 보문과 같은 형식 또한 통사적 의미 단위로서 기능한다는 지적이 되었으며 경동사, 보조 동사 구성, 관형격 구성과 같이 중간범주 설정에 대해서도 연구되어 왔다. 이러한 논의들은 동사가 가지는 의미만으로는 완전한 의미를 구성하지 못한다는 것을 보여주는 것이라 할 수 있다.

통합적 의미는 특정한 의미의 예외적 현상이거나 주변적으로 확장된 의미가 아니라 의미 해석에 결정적이고 핵심적인 것으로 다루어야 한다. 이곳에서 다중의미성은 개별적이거나 자의적인 것이 아니라 어휘들의 결합 속에서 자연스럽게 나타나는 의미 현상으로 파악한다. 통합적 의미는 어휘 차원에 존재하지 않고 관계 속에서 생성되며 관계 속에서만 존재한다. 이는 통합을 통해 의미가 생성되며 결합 속에서 의미를 찾아야 한다는 말이다.

'떡을 먹다'와 '밥을 먹다'의 의미는 분명히 다르다. 이들은 '물을 먹다'와도 다르다. '떡을 먹다'는 음식물을 섭취한다는 의미이지만 '밥을 먹다'는 식사를 한다는 의미가 있다. 여기서 '밥을 먹다'를 통해 나타나는 식사라는 의미가 '밥'이나 '먹다' 어느 곳에 존재한다고 보아야 하는가. 이들 개별적 단어에 식사의 의미는 어디에도 존재하지 않으며 이 의미는 결합을 통해서만 알 수 있는 의미이다. 또한 기대했던 일이 어긋나는 경우를 나타내는 관용적 표현인 '물을 먹다'에 이르면 이 의미는 결합된 두 요소의 의미 어느 것과도 관련성을 찾기 어려워진다.

그렇다면 이 의미는 어떻게 발생한 것일까. 이러한 의미의 발생은 결합을 통해 구성된 것으로 이들은 각기 다른 결합 층위에서 의미가 생성된 것으로 보아야 한다. 그래서 '떡을 먹다'는 어휘의 단순한 결합으로 결합을 통해 구체적인 사건의 양상을 알 수 있다. 이와 달리 '밥을 먹다'는 명사 '밥'에 문맥이 결합된 상태로 구를 구성한 것이며, '물을 먹다'는 결합 구성 전체가 문맥과 결합하여 새로운 의미를 구성한다. 이들의 구분은 대치와 분리성 실험을 통해서도 구분이 된다. 앞의 두 예와는 달리 '물을 먹다'는 어휘화된 하나의 단위로 기능하며 이러한 구성을 일반적으로 관용구라고 부른다.

'머리를 숙이다'나 '눈을 감다'와 같은 예들 또한 의미의 결합적 발생을 직접적으로 보여주는 예이다. 이들의 구성요소 어디에서도 존경이나 죽음의 의미를 찾을 수 없다. 하지만 이들은 구성의 의미가 상황 문맥적 의미와 결합하여 생성된 것으로 볼 수 있다. 이러한 예들은 관용구로 분류되는데 관용구는 더 큰 문맥에서 파악해야 하며 어휘화된 하나의 의미로 보아야 한다.

결합된 명사구의 범주적 속성과 동사의 특성이 결합되면서 각기 다른 의미로 해석되는 경우도 있다. '책을 보다'는 대상으로 사용된 책의 의미가 동사에 의해 선택되는 속성에 따라 물리적인 책과 추상적인 텍스트의 중의성이 발생한다. 이러한 중의성은 '책을 잡다'와 '책을 읽다'라는 표현으로 보다 명확하게 구분되는데 이는 책의 범주적 속성과 동사의 속성이 결합되면서 각기 다른 의미로 해석하도록 한다.

이러한 통합적 특성에 대해 크루즈[43]는 국면(facets), 랑가커[44]는 활성 영역이라는 개념을 이용하여 설명한다. 국면은 상호 배타적이므로 불연

---

43   Cruse(1986)

44   Langacker(2002)

다중의미

속적이고 자율적으로 기능하지만 배척성은 없다. 다면어[45]라고도 불리는 이러한 특성은 결합 요소에 의해 적절한 의미적 국면이 선택되는 것으로 나타난다.

하지만 이러한 관계에 대해서 동사의 의미 속성이 명사의 의미 속성을 선택했다고 말할 수는 없다. 만약 그렇다면 '집을 짓다'나 '미소를 짓다'와 같은 예들은 명사의 의미 속성이 동사의 의미 속성을 선택했다고 말해야 한다. 결합하는 명사의 종류가 바뀌면서 의미가 달라진 예이기 때문이다. 이러한 의미 변화는 명사와 동사가 결합할 때 각각의 의미 특성들이 서로를 어떻게 한정하는지 혹은 규정하는지와 같은 의미적 공기 관계와 관련이 있다.

위의 예들과는 달리 신체화한 개념인 원근화법(perspective)을 통해 가능한 개념적 통일체 속에서 윤곽화되는 의미의 예들도 있다. 예를 들어 "요리를 시작했다."라는 문장에서 시작되는 '요리'는 두 가지 의미를 떠올린다. 즉 만드는 행위로서 요리와 배우는 과정으로서 요리가 그것이다. 이러한 차별적 의미는 '요리'가 갖는 의미 특성과 '시작하다'가 지시하는 의미 특성의 결합에 따른 차이로 나타난다. 이 두 의미는 더 큰 맥락에 의해서만 구분되며 사용상 모호한 의미로 구별되지 않고 남아있게 된다.

크루즈[46]는 결합이 의미에 대해 선택(selection), 강요(coercion), 조정(modulation)이라는 영향을 미친다고 주장한다. 만약 가능한 해석 중 하

---

[45] 임지룡(1996)

[46] Cruse(2000/2002 : 214)

05 다중의미의 생성과 해석   195

나만 제외하고, 억제된다면 이 해석은 선택될 것이며 나머지 해석들은 배제된다. 화자는 항상 이해할 수 있는 메시지를 보낸다는 가정에 의해 해석의 조정은 가능한 의미에 대한 추적을 하게 만든다. 이 과정에서 적절한 새로운 해석이 강요된다. 또한 추론에 의한 의미 생성(enrichment)과 한정된 의미(impoverishment)로 문맥이 조정된다.

사람들은 모두가 각자의 의미를 설정하고 단어에 대한 적절한 해석을 내린다. 화자는 상대방이 적절히 선택할 수 있는 의미의 실마리를 제공하며 청자는 화자가 제공한 정보들을 이용하여 의미를 해석한다.

● 복합적 다중의미 추론

관용구나 고정표현의 존재는 결정된 맥락에 의해 형성된 것으로 의미 결정이 어떻게 이루어지는지 보여주는 좋은 예가 된다. 주어진 어휘의 분석적 함축들은 어휘와 관련된 지식의 일부라는 점에서 그 어휘 자체와 관련이 있다. 하지만 합성적 함축들은 그들을 도출한 여러 어휘 중 어떤 것에도 관련되어 있지 않다. 따라서 복합적 의미는 구성 성분이 아닌 외부 세계에 대한 지식에서 파생된 것으로 보아야 한다. 또한 의미의 결합은 닫힌 기능으로 작용된 것이 아니다. 새로운 의미 해석은 하나의 개념 속에서 선택된 것이 아니라 복합적인 개념 속에서 유추된 것이기 때문이다.

"요즘 파리를 날리고 있다."라는 문장이 '파리를 날리다 → 손님이 없다 → 돈을 벌지 못한다'로 해석되는 과정은 이러한 복합적 개념 유추를 잘 보여준다. 이렇게 생성된 의미는 어휘들이 결합하기 이전에는 예측이 불가능하다. 하지만 예측이 불가능하다고 해도 세계적 지식을 이용하는 것이 의미 해석에 타당하다. 결합 의미의 종류는 예측이 불가능하지만 우리는 그 방식은 이해할 수 있다.

스퍼버와 윌슨[47]은 사람들은 개인적이고 자아중심적인 기준을 통해 시간적 공간적 지시 대상을 확정하는 경우가 많다고 생각한다. 그리고 이런 개인적 지시과정을 포함하는 사고 내용들은 자연언어로 기호화될 수 없고 다만 불완전하게 표상될 수 있을 뿐이라고 주장한다. 이는 퍼스[48]가 언어를 전부 기술할 수 있는 어떤 단일한 언어 모델을 만드는 것을 불가능하다고 보면서 언어학자는 단지 의미에 대해 부분적인 진술만 할 수 있다고 믿었던 것과 맥을 같이 한다.

'바람을 넣다', '머리를 젓다', '손을 씻다', '물을 먹다'와 같이 관용적으로 사용하는 예들은 모두 구성요소의 의미들만으로는 추론할 수 없는 예들이다. 이들은 관습적으로 고정되어 사용되며 특정한 상황 속에 맥락화되어 사용되기 때문에 맥락을 이용한 복합적인 추론을 통해 해석해야만 한다.

47　　Sperber & Wilson(1986)

48　　Firth(1950 : 43~4, 1976 : 9)

06 다중의미의
구성 관계

다중의미 관계 구분

어휘의 가능한 의미들 간의 관계는 의미 영역과 대조라는 기준에 의해 분류할 수 있다. 여기서 사용하고 있는 관계 용어는 자질을 이용하여 구분한 나이다[1]와 지시와 집합, 내포하는 문장들 간의 진리조건을 이용한 크루즈[2] 등에서 전통적으로 이용되어온 어휘관계 용어를 차용한 것

---

1   Nida(1973/1990 : 16)
2   Cruse(1986 : 106-107)

이다. 하지만 이 연구는 어휘 간의 관계가 아닌 한 단어의 가능한 의미들 간의 관계이며 원소적 자질을 이용하지 않는다는 점에서 차이가 있다.

이곳에서는 자질이 아닌 속성을 기반으로 관계를 파악한다. 김진해[3]는 크루즈[4]의 의미 속성 개념을 이용하여 속성 구조에 대해 설명한다. 여기서 말하는 속성은 구조주의 의미론에서 말하는 의미자질과는 본질적으로 다르다. 의미자질이 언어 구조 내부에서 다른 어휘들과의 관계로 역할을 하는 것인 반면 속성은 언어 외부 즉 세계에 대한 백과사전적인 지식이 통합된 것이다. 백과사전적 지식은 일정한 체계와 구조를 이루는데 예를 들어 머리에 대한 우리의 지식은 내적 관점에서 사고하기, 듣기, 보기, 말하기 등과 같은 기능에 따라 구역이 나누어진다. 반면 외적 관점에서 보면 현저한 인식적 특질 즉 얼굴, 머리카락, 귀, 이마, 코, 눈, 입, 턱 등과 같이 특징적인 생김새에 따라 구역이 나누어진다. 이렇게 인간은 대상을 하나의 전체적인 개념적 무리(conceptional mass)로 묶어 이해하며 이러한 방식은 의미자질과 같이 나열적이거나 비계층적이지 않다.

이전 장에서 설정한 관계 개념을 기반으로 하나의 형태와 결합하는 다중의미들이 이루는 관계를 설정하면 두 의미 영역의 범위에 따라 연접(連接), 이접(離接), 중첩(重疊)으로 구분할 수 있으며 이들은 각각 상보(相補), 연속(連續), 배타(排他), 대립(對立), 포함(包含), 일치(一致)의 관계로 하위 유형화할 수 있다.

---

3   김진해(1998 : 283)

4   Cruse(1986)

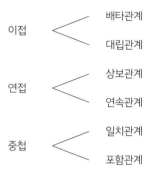

이접관계는 두 의미가 동일한 어휘에 연합되어 사용되는 의미 영역 안에 있으나 서로 분리되어 있는 의미를 말한다. 이중 배타관계는 의미상 서로 독립적이며 분리성이 강한 유형으로 분류할 수 있다. 이들은 대부분 동음이의어로 분류되던 어휘들을 포함한다. 대립관계는 의미 차원에서 양 끝에 위치하는 경우를 말하며 반의적 의미들을 드러낸다. 다의의미들 사이의 관계에서도 동의관계와 반의관계를 관찰할 수 있다. 이는 개념적 유사성과 개념들 사이의 대조를 통해 구별된다. 이와 달리 연접관계는 두 의미 영역이 연속적으로 이어져 있는 의미를 말하며 상보관계와 연속관계로 구분할 수 있다. 상보관계는 전체가 하나의 의미를 이루는 부분 의미들로 구분할 수 있다.

김진해[5]는 다의화 유형을 분류하는 과정에서 의미상 비분리적인 관계에 있는 국면(facet)[6]과 같은 예들을 상보적 다의어로 설정하여 설명한

5   김진해(1998 : 276)

6   Cruse(1986/2000)

다. 국면은 하나의 전체를 이루는 게슈탈트적인 성격을 지니고 있으므로 이러한 구분은 타당해 보인다. 연속관계는 인접한 두 의미 사이의 관계로서 대다수의 환유가 포함된다. 중첩관계는 두 의미가 부분적 혹은 전체적으로 일치하는 관계를 말한다. 이들 중 일치관계는 대부분 유사성을 기반으로 하는 은유를 통해 구성된다. 포함관계는 부분전체관계로 구성될 수 있는 환유와 제유의 예들이 속한다.

이접, 연접, 중첩이 의미 영역들의 범위와 관계된 것이라면 두 의미 사이의 거리와도 관계가 있을 것이다. 이들을 앞서 제시한 대조 원리에 의해 세분하여 제시하면 다음과 같다. 일치관계는 개념적으로 같은 부분에 초점을 맞추는 것으로 성립된다. 따라서 완전히 다른 것으로 대조되는 것 속에서 일치하는 부분을 찾는 것으로 이루어지므로 여타의 대조 방식과 달리 대조의 방향이 반대이다. 대립적 관계는 다른 어떤 관계보다 가장 두드러진 대조를 보이는 의미들이라고 할 수 있다.

대립은 사물과 관련된 개념 속의 특정한 두 끝을 지시할 것이다. 배타관계는 어떤 점에서 개념상 너무 달라 대조의 범위를 넘어선 것으로 볼 수 있다. 그런 점에서 배타관계는 유사성 획득에 실패한 경우이지만 이들의 형태적 동일성은 언제나 유관성을 불러올 수 있으며 이들은 잠재적 대조관계로 남아있게 된다. 상하의관계와 부분전체관계는 모두 포함관계로 구분할 수 있다. 따라서 더 큰 것과 작은 것 사이의 대조를 통해 두 관계가 성립된다.

상보관계는 일반적인 부분전체관계를 이루는 부분들 간의 관계를 말한다. 이들 부분들의 집합은 언제나 전체를 구성하게 된다. 따라서 어휘적으로 존재하지 않더라도 개념상 전체에 대한 대조를 통해 상보관계를 형성하게 된다. 일반적인 부분전체관계가 비대칭성을 갖는다는 점을 고려하면 상보관계는 겹치는 부분 없이 맞닿아 있으므로 이들보다 좀 더 대칭적이라고 할 수 있을 것이다. 그래서 이들은 대부분 일반적 층위의 의미를 구성하며 구체적인 부분관계로 지시되는 예들은 포함관계로 구분된다. 상보관계는 부분 의미들 간의 관계를 말한다는 점에서 포함관계와 관점과 성격이 다르다. 이는 연속관계도 마찬가지이다. 더 큰 의미와 그 아래 부분적인 의미들과의 관계는 포함관계에 속하게 되지만 부분 의미들 사이의 관계는 연속관계를 가질 수 있다. 이들이 상보관계와 다른 것은 상보관계는 상호 독립적 부분을 구성하지만 연속관계를 구성하는 의미들은 논리적이고 실제적인 연속성으로 연결되어 있다는 점이다. 그래서 연속관계는 한 의미의 범위를 벗어나 더 큰 영역 속에서 이해해야 하는 경우도 있다.

다중의미 관계 유형

● 배타관계

배타적(Antagonistic) 다중의미 관계는 의미적 분리성이 강하며 상호 유연성이 거의 없는 의미 사이의 관계를 말한다. 이들은 하나의 의미가 해석되면 대부분 다른 의미를 배제하는 경쟁적 관계에 있어 의미 사이의 배타성이 강하다. 의미상 가장 큰 차이를 가지는 배타관계는 형태만 같고 다른 모든 특성들에 차이가 있는 관계로 예를 들 수 있다. 따라서 대조적 관계로 볼 때 가장 큰 차이를 갖는 것으로 동음이의어를 생각할 것이다. 이들은 형태적 유사성 이외에 다른 유사성을 찾기 힘들기 때문이다. 유사성과 차이에 있어서 정해진 기준이 없으며 문맥에 따라 달라지기 때문에 대조적 관계 방식으로 이들의 관계를 말할 수 있다.

예를 들어 "배가 부르다.", "배를 탔다.", "배를 먹었다." 등의 예들은 모두 적절한 술어에 의해 자동적으로 각기 다른 대상을 지칭한다. 하지만 "배가 크다."와 같은 경우는 상황 맥락이 주어지지 않는다면 지시 대상이 어떤 것인지 결정할 수 없게 된다. 이처럼 배타관계의 예들은 의미를 적절히 해석할 수 있는 문맥이 없을 경우 중의성을 발생시키며 대부분 동음이의어로 사전에서 독립된 어휘 목록으로 기술된다.

하지만 배타적 의미들이 모두 완전히 유관하지 않다고 하기에 어려운 부분들이 있다. 형태적 동일성이 유도하는 관련성 때문에 사람들은 두 의미에 대한 가능한 관련성을 찾으려고 시도한다. 또한 동일한 형태에 결합하는 다양한 의미들은 서로 관련을 맺는데 관련성의 정도가 화자에 따라 다르게 판단될 수 있다. 앞서 4장에서 예를 든 것처럼 다리는 '각脚'과 '교橋'의 다른 두 의미를 갖는 동음이의어지만 사람들은 두 의미의 관련성을 얼마든지 찾아낼 수 있다. 서로 다른 두 대상에 대해 관련성을 찾아내는 것은 인간이 지닌 본유적 사고능력에 속하며, 더 나아가 창의적 발상은 이를 더욱 강력하게 작동하도록 한다. 그래서 모든 의미들은 잠재적인 관련성을 가질수 있다고 할 수 있다. 이러한 경향은 민간어원이라는 관련성을 만들어 내기도 한다. 따라서 형태적 동일성은 잠재적 유관성을 갖는 관계로 구분할 수 있을 것이다.

● 대립관계

크루즈[7]는 대립적(Oppositive) 어휘들의 의미가 매우 유사한 존재 가능성을 가진다고 지적한다. 동시적 차이와 유사성은 매우 이질적으로 보이지만 실제로 가장 대립적인 의미는 의미의 한 차원만이 다른 경우로 해석된다는 것이다. 머피[8]는 대립의 가장 좋은 보기는 의미 차이가 절대적으로 최소이고 단어의 형태가 동일한 것으로 결론 내린다.

차이를 이러한 개념으로 이해한다면 어휘의 다의적 의미들은 모두 대립적이라고 할 수 있다. 왜냐하면 그들은 모두 최소한의 차이를 가지고 있기 때문이다. 하지만 차이를 구분하는 것은 대립이 아니라 대조이다. 구분되는 의미들의 차이는 대조를 통해 드러나는 것이기 때문이다. 여기서 대립적이라는 것은 대조를 통해 상반된 차이를 가져오는 것을 의미하며 두 의미는 유관한 의미가 이루는 연속선상의 양 끝에 속한 것으로 이해하여야 한다. 이는 반의 설정에 있어서와 마찬가지이다.

그렇다면 우선 어떠한 차이를 대립적이라고 할 수 있는지를 먼저 검토해야 할 것이다. 의미 자체의 차이를 갖는다는 점에서 대립관계는 순전히 의미적이라고 할 수 있으며 이는 일반적인 반의관계 설정과 개념상 차이가 없다는 것을 말한다. 따라서 단 하나의 차이로 구분되는 의미의 관계라는 반의관계의 정의를 이용하여 대립관계를 살펴볼 수 있을 것이다.

대립관계는 단 하나를 제외하고 문맥적으로 동일한 관계를 포함한

---

7   Cruse(1986)

8   Murphy(2003/2008 : 291)

다. 이는 유일한 차이라는 점에서 가장 기본적이고 일반적인 대조 개념과 일치한다. 또한 이들은 모두 이분법적 대조라는 점에서 다른 대조 개념들과 가장 큰 변별력을 갖는다. 대립관계는 이분성에 의해 정의되기 때문에 다른 대조적 관계들이 다수의 집합을 갖는 반면 이들은 언제나 일 대 일 대립을 갖는다. 만약 포함관계나 상보관계와 같은 의미관계에서 일 대 일 대립만을 갖는다면 그들 또한 대립관계로 분류될 것이다. 대립관계는 하나의 개념을 통해 유도된다는 점에서 비대칭적일 수 있으며 그런 점에서 대립되는 다른 한쪽 의미는 유표적이다. 일차원 척도상에 놓인 경우 대립된 방향을 지시하는 것이 자연스럽게 나타나며 감정과 판단에 있어서도 대부분 두 쌍을 이루는 경향이 많다.

동일 지시에 대한 반대적 개념화는 방향과 평가 대립에서 가장 빈번하게 나타난다. '반이나 있다/없다'처럼 이들은 모두 동일 지시물이나 그를 해석하는 개념상 대립적이다. 또한 "공장 사람들은 생존을 위해 파업을 했다."와 "공장 사람들이 파업을 해서 손해가 막대하다.", "너무 예뻐서 기분이 좋다."와 "너무 힘들어서 죽을 것 같다."의 '파업'이나 '너무'는 모두 맥락에 따라 긍정과 부정이라는 대립적 의미를 나타낸다.

동일한 형태의 개념적 의미가 반의적일 수 있다는 사실은 조금 의외일 수 있다. 하지만 이러한 관계는 매우 자연스러우며 다른 관계들 못지않게 가깝다고 느낄 수 있다. 예를 들어 '앞에서 본 내용'의 '앞'은 시간상 과거를 지시하며 '앞에서 볼 내용'은 미래를 지시한다는 점에서 '앞'이 갖는 다의의 관계는 대립적이다. 또한 이동에 있어서도 "집에 간다."와 "집에서 간다."처럼 상반되는 방향의 이동을 지시할 수 있다. 뿐만 아니라 관점에 따른 개념 지시에서도 반의관계는 자연스럽게 나타난다. 행위의 결과에 따라 대립적의미를 보여주는 예들도 있다. "그녀를 놓아 주었다."와 "돈을 잡은 손을 놓았다."는 대상이 행위주의 영향권 밖으로 멀어지지만 "그녀를 잡아 놓았다."와 "돈을 손에 놓았다."는 대상이 행위주의 영향권 안에 놓이게 된다. 이러한 예들은 개념상 대립적인 상황 연결이 자연스럽다는 것을 보여주는 것이다.

본유적인 방향성이나 지향성이 없는 대상을 공간을 기준으로 해석할 때 대상은 화자나 담화 참여자와 관련된 다른 기준에 의하여 해석될 수 있으며 이러한 경우 방향 대립이 성립된다. 실제의 이동과 상반되는 가상 이동(fictive motion)[9]의 예들은 방향 대립의 개념화를 보여주는 좋은 예이다. "나무가 차창 밖으로 스쳐 지나갔다."나 "서울이 다가온다."와 같은 표현에서 실제로 움직이는 것은 화자 혹은 화자를 포함하는 이동 수단이며 이동으로 서술된 대상은 고정된 것이다. 이러한 개념화 양상은 대립적 방향 인식에 대한 일반성을 보여주는 근거가 된다.

한편 관련된 두 의미가 대립적 관계를 가지고 어휘적으로 굳어진 예들 또한 존재한다. "쌀을 팔았다."에서 '팔다'는 사다와 팔다라는 대립적 의미를 모두 나타낼 수 있다. 사다와 팔다가 인지의미론의 관점에서 같은 개념틀 속에 존재한다는 점에서 이러한 관련성은 충분히 가능하며 방향 대립의 일종으로 어휘화된 것으로 보인다. 이와 마찬가지로 "얼룩이 졌다."는 얼룩이 생긴 의미와 얼룩이 사라진 의미 두 가지 모두가 가능하다. 이 같은 생성과 소멸의 대립은 일종의 거울영상과 같다. 또 "물을 식혔다."는 뜨거운 물의 온도를 낮추었다는 의미와 차가운 물의 온도

---

9   Talmy(1983)

를 높였다는 상반되는 두 가지 의미가 가능한데 차가운 물의 온도를 높이는 의미가 잘못 사용되는 것으로 지적된다고 해도 실제 화자들이 적절한 온도로 만든다는 의미로 이러한 표현을 사용한다는 점에서 가능한 의미로 존재한다.

반어적 표현 또한 맥락상 대립적 의미를 구성한다. 반어는 규칙에 대한 일탈이나 위반이 아니라 규칙을 통해 이해될 수 있는 유형의 종류로서 "참 잘했다."나 "너 잘났다."와 같은 표현은 긍정적 의미에서 어조의 변화와 맥락을 통해 부정적 의미로 이해된다. 이처럼 대립관계는 의미상 반의를 구성하는데 이는 대상에 대한 인식의 반전을 통해 이루어지는 개념화 원리를 따른다.

● 상보관계

상보관계는 지시 대상물의 부분 층위들 간의 관계를 이룬다. 즉 개념이 지시 대상물의 부분과 전체 속에서 이해될 수 있는 부분들의 관계를 이루면 이들은 상보적(Complementary) 관계를 갖는다. 다중의미의 상보관계는 하나의 의미 속에 집합적으로 존재하여 전체를 이루는 의미의 작은 부분들을 구성한다. 이들은 포함관계와 같이 특정한 방향으로 포섭되는 관계가 아닌 동일한 층위에서 관계를 이루지만 상위 개념과의 관련성을 통해서만 관계를 가질 수 있다. 이들은 또한 지각적으로 구분되지만 개념적 통일체로 인식한다는 점에서 개념적 포섭관계인 포함관계와는 다르다. 또한 특정한 속성으로 인식되며 환유에 의해 이해되기도 한다.

다중의미 속에서 상보관계를 갖는 어휘는 다면어[10], 국면[11], 활성영역[12], 복합타입[13] 등으로 논의되던 예들을 포함한다. 이들은 구체적 형태와 내용을 가진 모든 명사류를 포함하지만 속성이 되는 물리적 관계는 매우 다양하게 나타난다. 때로 몸이 그 구성 부분을 의미할 수 있는 것처럼 필수적인 성격일 수도 있고 잠금장치나 손잡이를 가지고 있다면 문이 그것을 의미할 수 있는 것처럼 수의적일 수도 있다. 이러한 상보관계는 개념적으로 둘 이상의 의미를 가지고 있으며 동일한 대상에 대한 다양한 관찰에서 비롯된 것으로 설명될 수 있다.

상보관계 의미들은 상호 불연속적이며 자율적으로 기능한다는 특징이 있다. 예를 들어 "이 책은 예쁘다."는 외형적 모양을 의미하며 "책을 읽었다."는 내용을 의미하는데 이때 두 의미는 서로 전혀 다른 방식으로 이해되며 사용된다. 물론 "책을 읽었다."의 경우 내용이 기록된 방식인 문자를 지시할 수도 있다는 점에서 더 세분화된 의미까지도 생각할 수도 있다. 이들 의미는 "책을 잘 만들었다."와 같은 사용에서 모두를 포함하는 총체적인 의미로 이해된다. 마찬가지로 "자동차를 수리했다."와 "자동차에 새로 칠을 했다."는 각각 자동차의 부속과 차체라는 구성요소를 의미하며 "자동차를 새로 샀다."는 이들을 모두 포함하는 전체의 의미로 이해된다.

하지만 "사장님은 오늘 시댁에 가신다."와 "사장님은 오늘 처가에 가

---

10   임지룡(1997)

11   Cruse(1986)

12   Langacker(1987)

13   Pustejovsky(1995)

신다."처럼 구분되는 두 의미의 경우 맥락에 따라 성별의 차이가 드러나거나 성별을 포함하고 있는 것처럼 보여 상보관계와 유사하지만 이들 의미가 사장님이라는 전체 의미를 구성하는 부분이라고 보기 어렵다는 점에서 앞의 예와는 차이가 있다. 사장님은 인간이며 인간의 부류가 남자와 여자로 구분된다는 정보로 이해되지만 사장님을 여자와 남자로 구성된 통합적 의미로 이해하기는 어렵다.

상보관계로 구성되는 책과 자동차의 의미들이 한 문장 속에 자연스럽게 연결될 수 있지만 사장님은 그렇지 못하다는 점도 이들이 다르다는 것을 보여준다. "예쁜 책을 읽었다."나 "수리한 자동차에 칠을 했다."처럼 '예쁜 책'과 '읽는 책', '수리한 자동차'와 '칠한 자동차' 두 의미가 함께 해석되는 것이 자연스러운 반면, "?시댁에 가신 사장님이 수염을 깎았다."에서 '시댁에 가신 사장님'과 '수염을 깎는 사장님'은 여자와 남자라는 두 의미가 충돌하여 모순이 생긴다.

사건 명사의 경우는 그 명사가 구성하는 전체 사건 개념 속에서 특이점들이 부각된다. "서윤이가 요리를 한다."에서 '요리'는 행위를 "서윤이가 요리를 만들었다."에서 '요리'는 행위의 결과물을 의미하며 이들은 모두 한 사건의 진행과 완성이라는 개념이라는 점에서 통합적으로 인식할 수 있다. 이처럼 행위와 그 행위의 완성 같은 예들은 성취 동사 유형에서 찾을 수 있다. "서윤이가 오징어를 구웠다."의 '굽다'는 행위만을 의미하지만 "서윤이가 빵을 구웠다."의 '굽다'는 행위의 결과를 의미한다. 두 행위 모두 먹기 위한 음식을 만든다는 점에서 유사하다. 다만 오징어는 굽는 행위로 만들어진 것이 아니지만 빵은 밀가루를 주성분으로 한 다양한 재료들이 굽는 행위를 통해 변화된 결과물이라는 점에서 두 행위가

다중의미

구별된다. 이처럼 동작의 과정 가운데 특정한 부분을 초점화하여 표현하는 것은 매우 일상적인 것이다.

개체명사에 있어서도 특정 부분의 초점화나 관점에 따른 다양한 표현을 찾을 수 있다. "집이 화려하다."에서 '집'은 건물, "집 때문에 세금이 많이 나온다."에서 '집'은 재산의 의미로 해석된다. "책을 시작했다."와 같은 경우[14]에서도 '책'은 읽기와 쓰기의 두 과정으로 구분되며 이들은 특정한 국면과는 다른 상보적 관계 형성에 따른 것으로 볼 수 있는 의미이다. 이와 같은 상보적 관계는 개체나 사건을 하나의 게슈탈트적 통합체로 파악하는 인간의 인지구조를 보여주는 적당한 예로서 이전 연구들에서 설명하지 못했던 의미의 유연성을 설명할 수 있는 방법이 된다.

● 연속관계

시간적, 공간적으로 인접한 연속적(Contiguous)인 관계는 매우 일반적이고 자동적으로 해석된다. 이러한 관계는 환유로 구분되던 인지 원리에 의한 것으로 인접성의 원리에 의한 다양한 관계를 보여준다. 이들은 전체를 구성하는 부분들의 관계가 아니라는 점에서 상보관계와 구별되며 마찬가지로 다중의미 가운데 한 의미가 다른 의미를 포함하는 것이 아니라는 점에서 포함관계와 구분된다.

예를 들어 "그는 총을 잡았다."에서 '총'은 개체로서 대상의 의미이지만 "그는 총으로 그를 쓰러뜨렸다."에서 '총'은 도구로서 대상을 이용하는 사건을 의미한다. 이처럼 대부분의 도구들은 그 도구를 사용하는 사

---

14   Cruse(2000/2002 : 209)

건을 의미할 수 있다. 이는 사건과 관련된 많은 명사들이 사건을 의미할 수 있다는 것과 유사하다.

예를 들어 "오늘 아침은 참 좋았다."나 "5 · 18 기념행사가 진행되었다."에서 '아침'이나 '5 · 18' 등은 특정한 시간 및 그 시간과 관계있는 행위 또는 사건의 관계를 가질 수 있다. "서윤이가 요리를 시작했다."에서 가능한 '요리'와 '요리 공부'라는 두 가지 해석도 실제 행위와 행위를 위한 준비 과정이라는 연속된 관계 속에서 이해할 수 있는 의미이다.

원인이 결과를 의미하는 예들도 있다. "친구가 슬픈 소식을 가져왔다."에서 '소식'은 '슬프다'는 감정 상태를 유발하며 따라서 "나는 슬프다."라는 결과 상태의 의미를 가져온다. 마찬가지로 "유리잔이 바닥에 떨어졌다."와 "유리잔이 깨졌다."처럼 특정한 동작은 예상되는 결과들을 자연스럽게 의미할 수 있다.

자동과 타동의 의미 전환 또한 원인과 결과의 의미와 유사하게 관찰할 수 있는 연속관계의 예들이다. "종을 울렸다."의 '종을 울린' 행동은 "종이 울렸다."의 '종이 울린' 행동을 가져온다. 자타 양용동사 대부분이 이러한 관계에 속할 것이다. 이처럼 연속관계는 개체에 대한 인식, 시간, 공간, 사건, 원인과 결과 등의 연속적 관계 속에서 파악된다.

● 일치관계

다중의미는 동일한 형태를 전제로 하므로 일치적(consentaneous) 관계는 지시 대상은 다르지만 동일한 개념적 의미를 갖는 관계에서 파악된다. 동일한 어휘 형태와 관련된 다른 두 지시에 대한 사용에 있어서 지시된 두 쌍이 동일한 개념적 차원에서 이해되는 경우를 일치관계라고 할 수 있으며 이들은 의미상 동일한 개념을 갖는다. 다만 구분되는 두 지시물의 개념 전체가 동일하게 개념화되지 않더라도 속성 중 일부분의 일치에 의해서 동일성을 획득할 수 있으므로 전체적으로 볼 때는 중첩적이라고 할 수 있다.

머피[15]는 동의어들의 관계에 대해 어휘 내항들 간의 관계라기보다는 단어들에 대한 우리의 개념화들 간의 관계라고 지적한다. 즉 동의관계란 얼마나 유사한가를 인식하는 문제라는 것이다. 하지만 무엇이 유사한가에 대한 정보는 주어지지 않는다. 왜냐하면 유사성에 대한 정보는 개인이 가지고 있는 다양한 경험과 지식에 따라 결정되기 때문이다. 그래서 두 지시 대상이 서로 얼마나 일치하는가에 대해 일반적인 답을 내놓을 수는 없다. 이는 판단의 기준과 상황에 따라 달라질 수 있다는 것을 의미한다.

다중의미에서 일치관계는 어휘를 통해 지시된 대상이 일반적으로 지시되는 대상과 다를 경우 그 둘 사이의 개념적 유사성을 인식하는 것을 통해 이루어지게 된다. 동일시되는 경우는 사상된 의미의 표현 양상과 동일한 사용을 보일 수 있다. 이는 우리가 가지고 있는 지식에 전적으로 의존한다. 우리는 두 지시물과 관련된 다른 개념들 속에서 유사한 정보들을 찾아내는 것을 통해 지시 대상에 사용할 수 있는지 검토하며 마찬가지 방식으로 이렇게 지시된 대상에 대해 이해한다. 그래서 만약 누군가 잘 알고 있는 단어를 이용하여 그 단어가 일반적으로 지시하지 않는 다른 대상을 지시하는 것으로 사용한다면 사람들은 두 지시 대상이

---

15   Murphy(2003/2008 : 226)

어떠한 공통성을 가지고 있을 것으로 기대하며 그것이 무엇인지 찾는다. 상대방과 나를 동일시하려는 심리적 욕망은 이러한 관계를 형성하는 경험적 근거가 될 수 있다.

일치관계는 두 개념적 차원의 일치를 전제로 하고 있기 때문에 대부분 은유라는 기제에 의해 동일시되는 의미 속성 관계로 구분되던 것들을 포함하며 이들은 모두 개념적 동일성을 가진 것으로 동일성은 두 지시 대상이 갖는 공통 속성에 기반한다. 그래서 사람이나 동물의 다리와 사물의 다리, 사람의 눈과 사물의 눈, 그리고 식물의 부분인 눈은 모두 은유에 기반하여 이해되며 개념적 동일성에 의한 일치관계를 가지고 있다. "시간이 간다."와 같은 존재론적 은유 또한 추상적 대상을 이해하는 중요한 수단이 된다. 따라서 이러한 표현들 또한 모두 일치관계를 구성하게 된다.

"차 안에 돼지가 있다.", "내가 호랑이 새끼를 키웠다.", "먹구름이 몰려온다." 같은 예들은 모두 중의성을 갖는 문장이다. 이들의 중의성은 '돼지', '호랑이', '먹구름'이라는 단어의 다중의미성으로 인한 것이다. 이들 단어도 실제 개념적 의미는 같지만 지시하는 대상이 다르다. '사람'과 '돼지', '사람'과 '호랑이', '좋지 않은 일'과 '먹구름'처럼 다른 두 지시 대상에 대한 개념적 동일시라는 점에서 은유적 표현은 동의관계를 형성한다.

이처럼 'A는 B이다'라는 일반적인 은유의 형식은 두 어휘를 동의어로 만든다. 이때 두 지시 대상의 차이가 크면 클수록 우리는 더 좋은 은유라고 생각하게 된다. 이는 완전히 달라 보이는 지시 대상들에서도 우리는 의미를 찾아 일치시키기 때문이며 이러한 경향성은 참신한 은유를 만들어 내려는 노력에 반영된다. 하지만 '이것은 소리 없는 아우성'과 같은 표현에서 '아우성'은 시적 문맥에서 깃발로 이해되지만 그렇다고 해서 "?국경일에 사람들이 아우성을 달아 놓았다."와 같이 사용하지는 않는다. 일치관계를 형성하고 있는 지시된 두 대상의 차이는 결국 일치관계를 영속시키기 위한 힘을 끊임없이 소진시키게 되며 맥락이 바뀌게 되면 관계를 형성하지 못하게 된다.

의미 사이의 관계에서 일치관계는 동일하거나 유사한 의미의 문제가 된다. 따라서 의미를 개념으로 보는 입장에서 일치관계는 두 의미 사이의 관계라기보다는 동일한 의미나 개념에 사상되는 두 지시 대상 사이의 관계라고 말할 수 있다. 그렇다고 해도 일치관계라는 용어는 두 지시 대상의 의미적 일치에 관한 것으로 사용할 수 있다.

이들은 얼마나 일치하는가와 얼마나 문맥 의존적인가에 따라 구분할 수 있을 것이다. 비교를 통한 관계이기 때문에 이들은 비교의 방향에 영향을 받으며 비대칭적으로 사용된다.[16] 그래서 사람을 보며 돼지라고 하는 것은 자연스럽지만 돼지를 보며 사람이라고 하는 것은 부자연스럽다.

완전 일치는 개념 전체를 다른 지시의 개념에 의해 이해하는 것으로서 실제하는 지시 대상을 통해서만 인식할 수 있는 경우를 말한다. "마음을 고쳐야 한다."에서 추상적인 '마음'을 구체적인 사물로 개념화하여 고칠 수 있는 대상으로 표현하는 것처럼 대부분의 존재론적 은유가 이러한 방식으로 이용된다.

부분 일치는 특정 속성이나 개념을 일치시키는 경우인 일반적인 비유에서 많이 볼 수 있다. '호랑이 선생님'은 '선생님'이 '호랑이'와 완전히

---

16   임지룡(1998)

일치하는 것이 아니라 호랑이가 가지고 있는 속성 일부를 대상의 속성 일부와 일치시킨 경우이다. 이들은 문맥 의존적으로 문학적인 비유들에 주로 사용되며 일상생활에서도 상황에 따라 가변적으로 이용된다.

일치관계를 통해 다른 지시를 갖는 경우 구분되는 통사적 형식과 어휘 선택 규칙을 포함하게 된다. 그래서 '밥을 먹다'가 '밥을 먹는다 / 어제 먹은 밥 / 내일 먹을 밥'과 같이 제약 없이 사용되는 것과 달리 '마음을 먹다'는 활용에 제약을 받는다.

만일 지시 대상에 대한 다른 어휘가 존재한다면 일치관계를 이용한 새로운 표현 방식은 잉여적인 것처럼 보일 뿐만 아니라 의미 해석에 혼란을 초래하는 것처럼 생각된다. 하지만 이러한 표현 방식을 사용하는 이유는 은유를 사용하는 것과 동일한 효과를 의도하기 때문으로 이들은 쉬운 이해와 주의 집중이라는 의사소통의 전략이 된다. 사람들은 상대방이 알지 못하는 것에 대해 설명해 주려 할 때 우리가 모두 잘 알고 있는 것을 통해 이해하려고 할 것이며 이러한 방법은 많은 수의 일치관계를 만들어 낸다.

일치관계의 빈번한 사용은 새로운 의미 확립을 만들어 낼 수 있으며 반복적 사용에 의해 일반화된다. 하지만 일치관계는 다른 관계들과 분명하게 구분되지 않는 부분이 있는데 특히 동의관계와 반의관계의 경계가 불분명하듯이 일치관계와 대립관계 또한 둘 사이의 관계가 불분명하며 문맥에 민감하다.

● 포함관계

포함적(Included) 관계는 장소나 전체의 부분들로서 대부분 환유로

다중의미

구성되는 예들과 함께 상하위 개념의 위계적 분류들이 포함된다. 위계적 분류는 개념적인 것으로 대부분 존재론적 은유를 통해 포함관계로 이해될 수 있는 것들이다. 소나무는 나무의 한 종류이므로 나무의 하위어가 되듯이 이들은 일반적으로 '~의 종류(kind of)'라는 관계로 정의된다. 또한 이들은 논리적 관계로 설명되는 것이 일반적으로 하위어는 상위어를 내포하며 집합에 있어서 포함관계가 된다.

동일한 형태의 자기 하위어들[17]은 대부분 일반적 의미와 구체적 의미를 지닌 다중의미 관계를 형성한다. 총칭어의 경우 세분화된 하위의 의미들로 사용될 수 있다. 이러한 상하위의 위계적 분류는 상하의 개념적 차원에서 이루어지는 것으로 은유를 통해 포함관계로 이해된다. 예를 들어 풀은 일반적 의미의 식물을 의미하지만 다른 문맥에서 식용 식물을 의미한다. 마찬가지로 닭은 동물과 음식으로 구분된다. 그래서 풀과 닭은 모두 기를 수도 먹을 수도 있다.

이처럼 위계 관계는 문맥에 따라 다양하게 나타날 수 있다. 특히 민간분류 위계는 문화적으로 매우 다양하며 한 문화권 안에서도 개인의 경험에 따라 다르게 분류될 수 있다. 과학적이고 체계적인 분류와 달리 인간은 실제 생활에서 인간과 어떤 관계를 맺고 있는가에 따라 분류하기 때문이다. 그래서 누군가에게 개는 반려동물일 수 있지만 다른 누군가에게는 음식이 되기도 한다. 이러한 구분은 '진돗개, 풍산개, 셰퍼드, 하운드'와 같은 종의 구분과 달리 동물을 식용과 애완용으로 구분하도록 한다.

---

17   Murphy(2005 : 377), Cruse(1986), Fellbaum(1998), Becker(2000)

민간분류의 예에서 더 나아가 분류적 관계라고 말하기 어려워 보이는 것들도 있다. "?여왕은 여성의 한 종류이다."나 "?경찰은 사람의 한 종류이다."라는 표현을 생각할 때 '여왕'은 '여성', '경찰'은 '사람'이라는 범주에 속하는 것은 맞지만 이들을 분류적 관계로 설정하면 매우 이상하다. 이러한 차이에 대해 크루즈[18]는 하위어의 아종(subspecies)이라고 제안하는데 이러한 종류의 다중의미들은 기능이나 속성과 관련된 일종의 환유적인 포함관계로 구분할 수 있다. 이들은 일반적 의미의 특정 하위 층위를 지시하는 것으로 문맥적으로 제한된 의미로 사용된다. 그래서 "이것은 책이 아니라 잡지입니다."나 "밥은 못 먹고 빵을 먹었지요."에서와 같이 '책'과 '밥'은 일반적 층위의 의미가 아닌 특정 하위 종류로서 이해된다.

사람을 지시하는 경우도 직업이나 지위, 계급, 성격과 같이 그 사람과 관련된 다양한 속성들이 사용될 수 있다. "경찰이 지나간다."는 직업 명칭이, "사장은 나쁜 사람이다."는 지위 명칭이 사람을 지시하는 의미로 사용된 예들이다. 또 "학교를 지었다."의 '학교'는 구체적 건물이며 "학교에서 공부한다."의 '학교'는 그 건물과 관련된 장소에서 이루어지는 과정이라는 점에서 인접한 의미로 해석된다.

이처럼 건물, 혹은 장소가 관련된 사건이나 그 장소에 포함된 다른 장소, 혹은 구성원을 의미하는 경우를 쉽게 찾을 수 있다. "서울은 한국의 수도이다."는 지역적 명칭으로서 '서울'을 의미하지만, "나는 서울에 산다."의 맥락적 의미는 서울 전체가 아닌 서울의 일부분인 장소를 의미

---

18   Cruse(2000)

한다. 이와는 달리 "서울의 투표율이 매우 낮다."는 장소가 아닌 장소에 포함된 사람들을 의미한다.

사물이나 장소가 그 안에 포함된 내용물을 의미하는 경우는 특히 용기와 내용물의 관계에 일반적이다. "그릇을 씻었다."에서 '그릇'은 용기로서 그릇을 의미하지만, "한 그릇을 다 먹었다."는 내용물을, "한 그릇에 얼마예요?"에서는 단위를 의미한다. 이러한 관계는 '용기-내용물-단위'의 다의관계로 해석될 수 있다.

부분과 전체 또한 전체가 부분을 포함하는 관계로 해석될 수 있다. "머리를 만졌다."의 '머리'는 특정한 부분을 의미하지 않으며 일반적인 의미로 이해할 것이다. 이와는 달리 "머리를 잘랐다."에서는 목 윗부분이라는 의미와 머리카락이라는 세부적인 의미로 각기 해석될 수 있다. 이와 달리 "머리를 다쳤다."에서 '머리'는 전체가 아닌 특정한 일부분만을 의미한다.

동작의 세분된 하위 유형들 또한 동작이 구성하는 사건 속에 들어 있는 포함관계로 구분될 수 있다. '뛰어가다, 걸어가다, 기어가다, 날아가다' 등은 모두 모두 '가다'가 의미하는 이동의 방식에 따른 하위 유형으로 분류될 수 있는 예들이다. 또 "새가 간다.", "개가 간다.", "사람이 간다."는 모두 동일한 '가다'로 표현되지만 실제로는 "새가 날아간다.", "개가 뛰어간다.", "사람이 걸어간다."와 같이 하위 유형으로 구분되는 다른 어휘로 표현할 수 있거나 다양한 문법 형식을 이용하여 동작 유형을 세분할 수 있다. 이와 마찬가지로 "팽이가 돈다.", "반환점을 돌았다.", "오른쪽으로 돌았다."에서 '돌다' 또한 $90°$에서 $360°$ 사이의 모든 방향 전환을 포함하며 이들 각각의 동작을 구분할 수 있다.

경로나 수단 등 동사가 구현하는 사건의 세밀한 부분을 구별하는 방법은 무한하다. '차다'라는 표현은 경로를 드러내지 않기 때문에 그 자체로 이동의 의미를 보여주지 않지만 '차다'라는 행위의 결과를 자동적으로 예측하여 미리 파악할 수 있다. 경로와 목적지가 어휘 자체에 포함되어 있지 않다는 것은 이동의 개념을 어휘적으로 포함하고 있는 이동동사와의 비교를 통해서 분명히 알 수 있다. "서윤이가 공을 찼지만 공은 이동하지 않았다.'처럼 '차다'라는 행위가 필수적으로 이동을 의미하지 않아도 되는 것과 달리 "?서윤이가 집에 갔지만 서윤이는 이동하지 않았다.' 가 이상한 것처럼 '가다'는 반드시 이동의 의미를 드러낸다. 이처럼 동사의 경우 세분화된 동작들의 가능한 구분은 포함관계에 속할 수 있다.

다중의미 구성 관계의 복합성

의미관계는 본질적으로 다차원적인 복합성을 갖고 있기 때문에 단하나의 분명하게 구분되는 관계는 없고 실제로 수많은 부류의 관계들이 존재한다.[19] 따라서 어휘 속에서 찾을 수 있는 의미관계는 매우 다양하다. 이처럼 다양한 관계로 구성된 다중의미들을 관찰할 때 재미있는 것은 "사과를 심었다."는 '씨앗'일 수도 '나무'일 수도 있으며 "사과를 길렀다."는 '나무'와 '열매' 두 가지 해석이 모두 가능하듯이 관점과 해석에 따라 얼마든지 달라질 수 있으며 이들의 관계가 각기 유일하지 않다는 점이다.

---

19   Cruse(1986/1989 : 196)

"책을 읽었다."나 "책이 쉽다."와 같은 '책'의 예들은 상보적 관계를 구성하는 다중의미들이 그것을 포함하는 더 큰 의미와 포함관계를 갖는다는 것을 보여준다. 세부적인 부분의 의미를 갖는 더 큰 의미들이 서로 상보적이라고 한다면 그것을 포함하는 전체의 의미와의 관계는 항상 포함관계에 놓일 것이다. 관계에 대한 구분은 다차원적인 교차형식으로 이루어지며 이러한 관계는 우리가 앞에서 가정했던 다중의미의 망적 연결 관계를 보여주는 결과를 가져온다. 따라서 복합적인 관계의 구성을 이차원적 지면에 적절히 옮겨 표현하고 해석하는 것이 어려울 수 있지만 의미에 대한 설명은 가능하면 이러한 다차원적 교차 연결 관계를 사용하는 것이 적절하다.

사람들은 일상생활 속에서 의도적으로 중의성을 표현하기 위해 다중의미를 사용하는 경우가 많다.[20] '밝은 교실이네요.'와 같은 예는 '교실'과 '밝다'라는 단어의 축자적 의미와 함께 학생이 명랑하다는 의미를 나타낼 수 있다. 만약 햇살이 밝게 비치는 교실에 명랑한 학생들이 앉아 있는 경우라면 두 의미를 함께 드러내기 위해 이러한 표현을 선택하는 것이 매우 적절하다.

우리는 일반적으로 담화상에서 다중적 의미를 피한다고 생각해 왔다. 하지만 화행이론과 관련된 연구에서는 대화함축의 개념으로 다중적 의미를 중요하게 고려한다. 이는 화자의 의미가 문장의미와 다를 수 있다는 것을 가정한 것이다. 이러한 다중적 의미 표현은 그라이스[21]의 협

---

20 Nerlich & Clarke(2001)

21 Grice(1975)

력 원리를 위반한 것으로 화자와 청자 모두 적합성 추론을 통해 적절한 하나의 의미를 선택하려고 할 것이다. 하지만 이러한 표현의 의도는 다중적 의미를 이용하려는 경우가 많다. 따라서 우리는 중의성을 해소하는 방법보다 중의성 그 자체에 관심을 가질 필요가 있다.

다중의미로 인한 애매성은 언어 표현의 고유한 속성 가운데 하나이다.[22] 특히 비격식적인 음성어 맥락은 통상 최고도의 애매성을 조장하며 은유나 환유로 인한 다중의미는 축자적 의미와 비유적 의미 모두를 동시에 활성화시켜 주의를 집중시킨다. 또한 은유적 표현을 실제인 것처럼 표현하는 방법을 취함으로써 다중의미 해석에 따른 강력한 표현 효과를 얻을 수 있다. '진짜 뼈를 깎는 고통을 겪었다!'처럼 '진짜'나 정말로, 실제로 같은 강조 표현은 관습적인 은유에 새로운 의미를 부여하여 다중해석을 이끌어 낸다.

이처럼 의도된 다중의미의 사용은 사람들의 주의를 끌도록 한다. 때문에 이러한 표현은 특별한 의사소통의 목적에 주로 사용되곤 한다. 특히 광고 언어에서는 다중적 의미의 메시지를 전달하기 위한 전략을 다양하게 사용한다. '세상의 모든 길이 당신을 향해 달려갑니다.(한국도로공사 광고)'나 '30년의 전통으로 숙성시킨 장맛(간장 광고)'과 같이 사진과 함께 사용되는 많은 광고들은 이러한 방식을 이용하여 잠재적 소비자들의 주의를 끌려고 노력한다. 어휘의 의미는 이처럼 복합적이고 다중적으로 구성되며 일상 속에서 우리는 이를 자연스럽게 이용하며 살아간다.

---

22   Carter(1996/1998 : 118)

다중의미

나가며

　이 글에서는 어휘 의미의 다중적 양상을 살피면서 다중의미 생성과 해석의 원리를 밝히고 다중의미가 어떠한 관계로 범주화되어 있는지 살펴보았다. 이 속에서 그동안 많은 연구자들이 노력해 왔던 단일한 이상적 의미 설정은 불가능하였으며 많은 의미적 현상들이 무시되는 결과를 가져왔다는 것을 비판하였다. 또한 의미의 존재 방식은 다중적이며 이러한 관점에서 의미를 바라봄으로써 우리는 의미의 본질을 더 잘 살필 수 있을 것이라고 주장하였다.

　어휘의 의미들이 갖는 관계는 다양하고도 복잡하다. 이는 어휘의 의미가 단순하지 않다는 것을 보여주는 것이며 복합적인 관점에서 어휘 의미를 다루어야 한다는 것을 말해준다. 우리가 이처럼 의미를 복잡하고 무한하게 사용할 수 있는 이유는 체계적인 원리를 통해 다양한 방식으로 확장할 수 있기 때문이다. 사람들은 의사소통 속에서 단순한 원리를 이용하여 다양한 의미를 생성하고 추론을 통해 그 의미를 이해한다.

　단어의 의미가 관계를 통해 이해된다고 해서 그것이 기존 의미 이론에서 가정했던 것처럼 구조화되어 있다는 것을 말하는 것은 아니다. 만일 그와 같이 구조화되어 있다면 우리가 충분히 예측할 수 있으나 실상은 전혀 그렇지 못하기 때문이다. 우리는 단지 관계 짓는 방식을 알 수 있을 뿐이며 이를 통해 관계된 결과만을 볼 수 있다. 관계의 가능성은 무한하여 예측한다는 것 자체가 불가능하다. 따라서 우리는 가능성과 방향성을 확인하는 것에 만족해야 한다.

의미가 무엇인지 직접 볼 수 있는 방법은 없다. 의미는 원자나 다른 물리학적 개념에 대한 가정과 마찬가지로 하나의 가정으로만 존재한다. 사람들이 서로 말을 할 때 우리가 경험적으로 확실히 인식할 수 있는 것은 언어의 물리적인 측면인 음운 형식과 이것이 표시하는 언어 외적 대상 혹은 상황뿐이다. 하지만 우리가 언어 형식 속에 존재하는 내용을 전제하지 않는다면, 일정한 음운 형식을 통해 전달되는 어떠한 것도 설명할 수 없다. 그래서 언어의 내용을 가정하는 것이다.

문맥에서 분리된 어떤 단어의 이상적인 의미를 아는 것은 중요하지 않다. 실제 어떤 의미로 사용될 수 있는지 아는 것이 우리가 단어에 대해 알아야 하는 지식이다. 그래서 다양한 문맥에서 사용될 수 있도록 하는 의미를 파악하고 이해하는 것이 중요하다. 의미는 사용을 통해서 이해되며 우리가 단어에 대해 아는 것은 바로 이러한 사용방식이다. 단어의 의미를 찾기 위해서는 그 단어가 어떻게 사용되고 있는지를 확인하는 것으로 시작해야 할 것이다.

다중의미

참고문헌

국립국어연구원 편(2001), 『표준국어대사전』, 두산동아.

김광해(1989), 『현대국어 유의현상에 대한 연구 : 고유어 대 한자어의 일대다 현상을 중심
　　으로』, 서울대학교 대학원 박사학위 논문.

김광해(1990), 「어휘소간의 의미 관계에 대한 재검토」, 『국어학』 20, 국어학회, pp. 28-46.

김기혁(2001), 『국어학』, 박이정.

김성도 편역(2006), 『퍼스의 기호 사상』, 민음사.

김지형(1999), 『韓國語와 中國語와의 子音對應 硏究 : 漢字 傳來 以前 時期를 中心으
　　로』, 경희대학교 대학원 박사학위 논문.

김진해(1998), 「다의 유형에 따른 합성어 의미 연구」, 『경희어문학』 19, 경희대학교 국어국
　　문학과, pp.269-296.

김진해(2007), 「연어관계의 제자리 찾기 : 국내의 이론적 논의에 대한 재검토를 중심으로」,
　　『한국어학』 37, 한국어학회, pp. 229-260.

남경완(2005), 「의미 관계로서의 다의 파생 관계에 대한 고찰」, 『한국어의미학』 17, 한국어
　　의미학회, pp. 151-175.

남경완(2008), 『국어 용언의 의미 분석』, 태학사.

문금현(2002), 「광고문에 나오는 간접표현의 의미 분석」, 『한국어의미학』 10, 한국어의미학
　　회, 73-96.

박만규(2002), 「다의어의 의미 분할과 의미 부류」, 『한글』 257, 한글학회, pp. 201-257.

신현정·최미영·최민경(2004), 「한국어 다의동사의 표상」, 『한국심리학회지 : 실험』 16-2,
　　한국심리학회, pp. 191-209.

연세대학교 언어정보개발연구원 편(1998), 『연세한국어사전』, 두산동아.

이민우(2009), 「다의성과 다의화」, 『언어학 연구』 14, 한국중원언어학회, pp. 107-122.

이민우(2010), 「다중적 의미 사용에 대한 연구」, 『한국어의미학』 32, 한국어의미학회, pp.
　　193-213.

이병근·박진호(2000), 「결합 설명 사전의 어휘 기술 방법론」, 『인문논총』 43, 서울대학교 인문학연구소, pp. 155-200.

이성범(2001), 『추론의 화용론』, 한국문화사.

이승명(1981), 「의미 관계와 범주」, 『한글』 173·174, 한글학회, pp. 545-557.

이종열(2005), 「'먹다'의 다의적 의미와 구문적 확장」, 『한국어학』 27, 한국어학회, pp. 249-277.

임근석(2006), 『한국어 연어 연구』, 서울대학교 대학원 박사학위 논문.

임유종(2006), 「연어의 개념과 범주 한정의 제 문제」, 『국제어문』 36, 국제어문학회, pp. 145-181.

임지룡(1992), 『국어 의미론』, 탑출판사.

임지룡(1996), 「다의어의 인지적 의미 특성」, 『언어학』 18, 언어학회, pp. 229-261.

임지룡(1997), 『인지의미론』, 탑출판사.

임지룡(1998), 「다의어의 비대칭 양상 연구」, 『언어과학』 15, 언어과학회, pp. 309-331.

정동환(1991), 「국어 융합합성어의 의미관계 연구」, 『국제어문』 12·13, 국제어문학회, pp. 69-92.

정주리(2004), 『동사, 구문, 그리고 의미』, 국학자료원.

차재은·강범모(2002), 「다의 설정의 방법에 대하여」, 『한국어학』 15, 한국어학회, pp. 259-284.

차준경(2002), 「국어의 규칙적 다의성에 대하여」, 『어문논집』 46, 민족어문학회, pp. 121-140.

차준경(2004), 『국어 명사 다의 현상의 체계성 연구』, 고려대학교 대학원 박사학위 논문.

최상진(1999), 「문장의미 구성요소의 의미관계에 대하여」, 『어문연구』 103, 한국어문교육연구회, pp. 7-23.

최상진(2002), 「합성어 의미형성과 게시탈트」, 『인문학연구』 6, 경희대학교 인문학연구원, pp. 3-24.

최상진(2008), 「실체명사의 의미형질 분석」, 『어문연구』 36.2, 한국어문교육연구회, pp. 73-98.

홍재성·박동호·고길수(2001), 「설명결합사전의 어휘의미 기술」, 『語學硏究』, 37-3, 서울대학교 어학연구소, pp. 533-562.

Apresjan, J. D.(1974), *Regular Polysemy*, Linguistics 142, pp. 5-32.

Austin, J. L.(1975), *How to do things with words*, Vol. 88, Oxford university press. (장석진(1987), 오스틴 화행론, 서울대학교 출판부.)

Blank, A. (2002), *Polysemy in the lexicon and in discourse*, In B. Nerlich et al. (eds.), *Polysemy: Flexible Patterns of Meaning in Mind and Language*, Berlin · New York : Mouton de Gruyter, pp. 267-296.

Blutner, B. (1998), *Lexical Pragmatics*, Jornal of Semantics 15, pp. 115-162.

Bolinger, D. (1977), *Meaning and form*, London : Longman.

Bréal, M. (1897), *Essai de Sémantique: Science des Significations*, Paris: Hachette et CIC.

Carter, R. (1996), *Vocabulary: applied linguistic perspectives*, Routledge : London. (원명옥 역(1998), 『어휘론의 이론과 응용』, 한국문화사.)

Copestake, A. & Briscoe, T. (1995), *Semi-productive polysemy and sense extension*, In Pustejovsky, J. and B. Bougraev(eds.), *Lexical Semantics: The Problem of Polysemy*, Oxford : Clarendon Press, pp. 15-68.

Coseriu, E. (1962), *Sistema, normay habla*, Teoríadel linguajey lingüística general. (허발 편 역(1985), 『현대 의미론의 이해』, 국학자료원.)

Croft, W. & Cruse, D. A. (2004), *Cognitive linguistics*, Cambridge, U.K.; New York : Cambridge University Press. (김두식 · 나익주 역(2010), 『인지언어학』, 박이정.)

Cruse, D. A. (1986), *Lexical Semantics*, Cambridge University Press. (임지룡 · 윤희수 옮김 (1989), 『어휘의미론』, 경북대학교 출판부.)

Cruse, D. A. (1995), *Polysemy and related phenomena from a cognitive linguistic viewpoint*, In Patrick Saint-Dizier et al. (eds), *Computational lexical semantics*, Cambridge [England] ; New York : Cambridge University Press. pp. 33-49.

Cruse, D. A. (2000), *Meaning in Language*, Oxford : Oxford University Press. (임지룡 역 (2002), 『언어의 의미 : 의미 · 화용론 개론』, 태학사.)

Darmesteter, A. (1886), 최석규 역(1963), 『낱말의 생태』, 문교부.

Derrida, J. (1967) *De la Grammatologie*, Les Editions de Minuit. (김성도 역(2010), 『그라마톨로지』, 민음사.)

Evans, V. & Green, M. (2006), *Cognitive Linguistics: An Introduction*, Edinburgh University Press. (임지룡 · 김동환 역(2008), 『인지언어학 기초』, 한국문화사.)

Evans, V. (2005), *The meaning of time: polysemy. the lexicon and conceptual structure*, J. Linguistics 41, pp. 33-75.

Fellbaum, C. (1998), *A semantic network of english: the mother of all WordNets*, In

EuroWordNet: A multilingual database with lexical semantic networks, Springer, Dordrecht, pp. 137-148.

Fillmore, C. (1968), *The Case for Case, In Bach and Harms*(eds.), Universals in Linguistic Theory, New York : Holt, Rinehart and Winston. (남용우 외 역(1987), 『격문법이란 무엇인가』, 을유문화사, pp. 1-88.)

Firth, J. R. (1957), *Studies in linguistic analysis*, Wiley-Blackwell.

Goldberg, A. E. (1995), *Constructions*, Chicago : University of Chicago Press.

Grice, H. P. (1975), *Logic and conversation,* In Cole, P. and Morgan, J.L. (eds.), Syntax and semantics, vol. 3: Speech acts, New York: Academic Press, pp. 41-58.

Huang, Y. (2007), *Pragmatics*, Oxford: Oxford University Press. (이해윤 역(2009), 『화용론』, 한국외국어대학교 출판부.)

Jackendoff, R. (1983), *Semantics and cognition*, MIT Press.

Jackendoff, R. (1990), *Semantic Structures*, MIT Press.

James, H. (eds.)(1992), *Peirce on SIGNS: Writings on Semiotic by Charles Sanders Peirce*, The University of North Carolina Press. (김동식 · 이유선 역(2008), 『퍼스의 기호학』, 나남.)

Katz, J. J. & Fodor, J. A. (1963), *The structure of a semantic theory*, Language 39, pp. 170-210.

Kilgarriff, A. (2003), I don't believe in word senses, In B. Nerlich et al. (eds.), *Polysemy: Flexible Patterns of Meaning in Mind and Language*, Berlin · New York : Mouton de Gruyter, pp. 361-391.

Klein, D. E. & Murphy, G. L. (2001), *The Representation of Polysemous Word*, Jornal of Memory and Language 45, pp. 259-282.

Klein, D. E. & Murphy, G. L., (2002). *Paper has been my ruin: Conceptual relations of polysemous senses*, Journal of Memory and Language, 47-4, pp. 548-570.

Kövecses, Z. (2005), *Metaphor in Culture*, Cambridge University Press. (김동환(2009), 『은유와 문화의 만남 : 보편성과 다양성』, 연세대학교 출판부.)

Lakoff, G. & Johnson, M. (1980), *Metaphors We Live By*, Chicago and London : The University of Chicago Press. (노양진 · 나익주 옮김(1995), 『삶의로서의 은유』, 서광사.)

Langacker, R. W. (1987), *Foundations of cognitive grammar*, Stanford University Press. (김종

다중의미

도 역(1999), 『인지문법의 토대』, 박이정.)

Langacker, R. W. (2002), *Concept, Image, and symbol: the cognitive basis of grammar*, Mouton de Gruyter. (나익주 역(2005), 『개념 · 영상 · 상징 : 문법의 인지적 토대』, 박이정.)

Leech, G. (1974), *Semantics*, Harmondsworth: Penguin.

Lehrer, A. (1990), *Polysemy, Conventionality and the Structure of the Lexicon*, Cognitive Linguistics 1-2, pp. 207-246.

Levinson, S. C. (1983), *Pragmatics*, Cambridge: Cambridge University Press.

Lyons, J. (1977), *Semantics Vol. 1 & 2*, Cambridge : Cambridge University Press.

Lyons, J. (1981), *Language, Meaning & Context*, Fontana. (현대언어학연구회 역(1984), 『언어, 의미와 상황맥락』, 한신문화사.)

Black, M. (1962), *Models and Metaphor; A Study of Language and Philosophy*, Cornell Univ. Press. (이정민 외 편(1977), 『언어과학이란 무엇인가』, 문학과 지성사, pp. 258-281.)

Mel'čuk, I, A. (1998), Collocations and Lexical Functions, In Cowie, A. P. (eds.), *Phraseology: Theory, Analysis, and Applications*, Oxford University Press.

Murphy, G. L. (1988), *Comprehending Complex Concepts*, Cognitive Science 12, pp. 529-562.

Murphy, M. L. (2003), *Semantic Relations and the Lexicon: Antonymy, Synonymy, and Other Paradigms*, Cambridge University Press. (임지룡 · 윤희수 역(2008), 『의미관계와 어휘사전』, 한국문화사.)

Nerlich, B. & Clarke, D. D. (2001), *Ambiguities We live by: Towards a pragmatics of polysemy*, Journal of Pragmatics 33, Elsevier Science, pp. 1-20.

Nerlich, B. et al. (eds.)(2003), *Polysemy: flexible patterns of meaning in mind and language*, Walter de Gruyter : Berlin & NY.

Nida, E. (1973), *Componential Analysis of Meaning*, The Hague : Mouton. (조항범 역(1990), 『의미분석론』, 한신문화사.)

Ogden, C.K. & Richards, I.A. (1923), *The Meaning of Meaning*, London: Kegan Paul. (김봉주 역(1986), 『의미의 의미』, 한신문화사.)

Palmer, F. B. (1981), *Semantics*, Cambridge Univ. Press. (현대언어학연구회(1984), 『의미론』, 한신문화사.)

Porzig, W. (1934), *WESENHAFTE BEDEUTUNGSBEZIEHUNGEN*, Beiträge zur Geschichte der deutschen Sprache und Literatur (PBB), 1934(58), pp. 70-97.

Pustejovsky, J. (1995), *The generative lexicon*, Cambridge, MIT Press.

Saint-dizier, P. & Viegas, E. (eds.)(1995), *Computational lexical semantics*, Cambridge University Press.

Sandra, D. (1998), *What linguists can and can't tell you about the human mind: A reply to Croft*, Cognitive Linguistics 9-4, Mouton de Gruyter : Berlin-N.Y, pp. 361-478.

Seto, K. (2003), *Metonymic polysemy and its place in meaning extension*, In B. Nerilich et al. (eds.), *Polysemy*, Mouton de Gruyter, Berlin&NY, pp. 195-216.

Sinclair, J. (1991), *Corpus, concordance, collocation*, Oxford University Press.

Sperber, D. & Wilson, D. (1986), *Relevance: Communication and Cognition*, Blackwell. (김재욱·이현호(1993), 『인지적 화용론 : 적합성 이론과 커뮤니케이션』, 한신문화사.)

Stubbs, M. (1996), *Text and corpus analysis: Computer-assisted studies of language and culture* (p. 158), Oxford: Blackwell.

Sweetser, E. (1990), *From etymology to pragmatics: Metaphorical and cultural aspects of semantic structure*, Cambridge : Cambridge University Pres, (김주식 외 역(2006), 『어원론에서 화용론까지 : 의미 구조의 은유적·문화적 양상』, 박이정.)

Talmy, L. (1983). *How language structures space*, In Spatial orientation (pp. 225-282). Springer, Boston, MA.

Tamba, I. (1988), *La Sémantique*, Paris : Presses Universitaires de France. (장인봉 역(2009), 『의미론』, 고려대학교 출판부.)

Taylor, J. (1989), *Linguistic Categorization: Prototypes in Linguistic Theory*, Oxford : Oxford University Press.

Tuggy, D. (1993), *Ambiguity, polysemy, and vagueness*, Cognitive Linguistics 4-3, pp. 273-290.

Ullman, S. (1950), *The Principles of Semantics*. (남성우(1981), 『의미론의 원리』, 한신문화사.)

Ullman, S. (1962), *Semantics: An Introduction to the Science of Meaning*, Oxford University. (남성우 역(1988), 『의미론 : 의미과학입문』, 탑 출판사.)

Williams, J. N. (1992), *Processing polysemous words in context: Evidence from interrelated meanings*, Journal of Psycholinguistic Research 21, pp. 193-218.

Wittgenstein, L. (1953), *Philosophical investigations.* (이영철 역(2006), 철학적 탐구, 책세상.)

Zipf, G. K. (1949), *Human behavior and the principle of least effort: an introd*, to human ecology.

색인

ㅈ